Erwerbs-B. Nr. 9274

Das Panzer-jägerbuch

(Winke und Anleitungen für die Ausbildung im Rahmen einer Panzerjägerkompanie nebst Anregungen für die Gefechtsausbildung innerhalb der Panzerjägerabteilung, erläutert an Beispielen)

von

Major Ritter Edler von Peter

Mit 62 teils mehrfarbigen Abbildungen

2. verbesserte Auflage

The Naval & Military Press Ltd

Published by
The Naval & Military Press Ltd
5 Riverside, Brambleside, Bellbrook
Industrial Estate, Uckfield, East Sussex,
TN22 1QQ England

Tel: +44 (0) 1825 749494
Fax: +44 (0) 1825 765701

www.naval-military-press.com
www.nmarchive.com

In reprinting in facsimile from the original, any imperfections are inevitably reproduced and the quality may fall short of modern type and cartographic standards.

Zum Geleit!

Das Buch soll den Führern und Unterführern der Panzerabwehrkompanien eine Hilfe für die Ausbildung und für die zweckmäßige Anwendung der bestehenden Vorschriften sein.

Da es aus der Praxis geboren ist, wird es diesen Zweck erfüllen.

v. Schell,
Oberst.

Vorwort.

Die Herausgabe dieses Buches entspringt einem aus der Truppe geäußerten Wunsche.

Das Buch soll in keiner Weise bestehende Vorschriften etwa ersetzen oder an ihnen deuteln; sondern im Gegenteil, deren Verständnis vertiefen helfen und so ein erwünschtes Hilfsmittel für die geistige und praktische Ausbildung unserer jungen und stolzen Waffe sein.

In diesem Sinne wird es sowohl dem aktiven Soldaten als auch dem Angehörigen des Beurlaubtenstandes willkommen sein.

Ebenso willkommen wird auch mir stets jede Anregung und jeder Verbesserungsvorschlag zur weiteren Ausgestaltung künftiger Auflagen sein.

Mit besonderem Dank sei an dieser Stelle der tätigen Mithilfe des Herrn Oblt. Scheppelmann, Petlos, und der Anregungen des Herrn Hauptmann Reuter gedacht.

Im Juni 1939.

Der Verfasser.

Inhaltsverzeichnis.

I. Die Panzerabwehrkompanie K und J	7
II. Stundeneinteilung für die Rekrutenausbildung	9
Offiziersunterricht	9
Gefechtsausbildung mit Gewehr	11
Gefechtsausbildung mit Geschütz	12
Exerzieren mit Gewehr	12
Ausbildung am Geschütz	13
Schießausbildung mit Gewehr und Pistole	13
Schießausbildung mit Geschütz	14
Unteroffiziersunterricht	15
Sport nach H.Dv. 475	16
Innendienst	16
III. Die Ausbildung an der Panzerabwehrkanone (Geschütz)	17
Allgemeines — Einteilung und Aufgaben der Geschützbedienung und des Fahrers	17
Das abgeprotzte Geschütz — Das Geschütz in Feuerstellung	18
Die Geschützbedienung beim Schießen	19
Beispiele für Richten und Schießen	20
Das Geschütz in der Feuerbereitschaft	21
Das Instellunggehen des Geschützes — „Neue allgemeine Richtung!"	22
Das Geschütz wird in Deckung gebracht — Das Geschütz macht „Stellungswechsel"	23
Bewegen des Geschützes im Mannschaftszug	24
Das aufgeprotzte Geschütz	27
In Linie angetreten — Auf- und Absitzen	27
Ab- und Aufprotzen	31
Kampfweise	32
Erkunden und Einrichten einer Feuerstellung	32
Die Beobachtung — Der Munitionseinsatz — Die Bereitstellung	33
Die M.G.-Trupps — Der Zug — Der Einsatz	34
IV. Anregungen für die Gefechtsausbildung innerhalb der Panzerabwehrabteilung, erläutert an Beispielen	34
Allgemeine Grundsätze für den Einsatz von Panzerabwehrgeschützen	34
Der Zug — Allgemeines — Aufgaben, die für den Panzerabwehrzug gestellt werden können	35
Marsch — Marsch mit Sicherung	37
Halten und Rasten des Zuges	39
Erkunden einer Bereitstellung und Bezug derselben	40
Erkunden einer Feuerstellung und Bezug derselben	41
Die Probenstellung	44
Der Zug in Feuerstellung — Allgemeines über die Kompanie	45
Allgemeines über Aufgaben für die Panzerabwehrkompanie	46
Allgemeines über die Panzerabwehrabteilung	46
Der Dienst im Stabe einer Panzerabwehrabteilung	47
Verteilung der Aufgaben im Stabe	47
Erläuterung der Tätigkeit im Stabe an Beispielen	49
V. Falsch-Richtig-Bilder	50

VI. **Winke für Schießausbildung an der Pak**	54
Ausbildungsgang — Die Schießausbildung mit Hilfsgerät	54
Erklärung des Zielfernrohrs — Erklärung des Haltepunktes — Richtübungen — Dreieckzielen	57
Kurbelübungen — Richtübungen mit Vorhaltemaß	58
Der Rohrschreiber	60
Entfernungs- und Geschwindigkeitsschätzen	61
Das Richten im Gelände — Das Schießen	63
Scheibenwagen für Kleinkaliber-Pak-Schießen	64
Anlage und Durchführung eines Gefechtsschießens für einen Zug einer Panzerabwehrkompanie — Gedachter Verlauf	69
Schiedsrichterdienst	70
Zielaufnahme — Vorbesprechung des Schießens — Besprechung des Schießens	71
Anhaltspunkte für die Besprechung eines Gefechtsschießens	72
VII. **Offiziersunterricht**	72
Unterweisung in der Kampfweise der Panzerabwehr und Panzerverbände	72
Hauptkampfarten	73
Unterweisung im Erkennen der Merkmale von eigenen und fremden Panzerfahrzeugen, ihrer Kampfweise und Bekämpfung	74
VIII. **Geschützunterricht**	85
IX. **Anleitung für die Reinigung der Pak**	86
Reinigung nach dem Exerzieren — Reinigung nach dem Schießen	87
Gründliche Reinigung	88
X. **Hemmungen beim scharfen Schuß der Pak und deren Beseitigung**	88
Äußere Merkmale	88
XI. **Anregungen für die Fahrerausbildung einer Panzerabwehrkompanie**	90
Werkzeugverteilung für einen l. gel. Protzkw. (Kfz. 69) — Inhalt des Werkzeugkastens Nr. 1	91
Inhalt des Werkzeugkastens Nr. 2 — Inhalt des Werkzeugkastens Nr. 3 — Inhalt des Werkzeugkastens Nr. 4	92
XII. **Anregungen für den technischen Dienst einer Panzerabwehrkompanie**	92
Technische Appelle	94
Anlagen:	
Plan für das Entfernungs- und Geschwindigkeitsschätzen	95
Nach Beendigung des Schießens	97
Sicherheitsbestimmungen	98

I. Die Panzerabwehrkompanie K und J.

(K = Kompanie der Pz.Abw.Abt. — J = Komp. des Inf.Rgt.)

Die Ausbildung der Panzerabwehrkompanie K und J ist nach der H.Dv. 470/1 bzw. 130/1 geregelt. In beiden Ausbildungsvorschriften wird von der Ausbildung und Unterweisung gesprochen. Es wird z. B. der Fahrer im 1. Dienstjahr als Schütze 1 bis 4 am Einzelgeschütz nur unterwiesen und erst im 2. Dienstjahr ausgebildet, genau so die M.G.-Schützen. Die Fahrer werden im 1. Dienstjahr mit dem Kraftfahrzeug ausgebildet, aber im Geländefahren nur unterwiesen.

Um diesen Forderungen der Vorschriften gerecht zu werden, muß der Kompaniechef vor Beginn des Ausbildungsjahres den Dienstplan in seinem Rahmen so festlegen, daß das Erreichen des Ausbildungszieles sichergestellt ist.

H.Dv. 470/1 verlangt, daß jeder Rekrut zunächst außer am Gewehr an der Hauptwaffe auszubilden ist, d. h. es soll gleichzeitig mit der Gewehr- und Geschützausbildung begonnen werden. Für den Rekruten bedeutet das eine gewaltige Inanspruchnahme seines Auffassungsvermögens. Für ihn ist vom ersten Tage an alles neu: Unterbringung, Essen, Kameraden, Vorgesetzte und der Stoff, der ihm beigebracht wird. Der Waffenunterricht am Geschütz kann nicht in denselben Tagen wie der Unterricht über das Gewehr abgehalten werden, da es sonst zu Verwechslungen kommen würde. Erst wenn das Gewehr in seinen Teilen beherrscht wird, kann der Geschützunterricht beginnen. Er ist von Anfang an so zu gestalten, daß der Rekrut das Zusammenwirken der einzelnen Teile lernt; dieses ist wichtiger als das bloße Wissen der Bezeichnungen der Teile. Nach einer Ausbildungszeit von 2 Wochen, also Mitte Oktober, wird mit dem Geschützunterricht begonnen. Bis dahin muß die waffenmäßige Ausbildung (nicht die Schießausbildung) mit dem Gewehr soweit sitzen, daß durch Wiederholungsunterricht die Kenntnisse gefestigt werden. Um der Forderung der gleichzeitigen Ausbildung an der Hauptwaffe gerecht zu werden, läßt man den Rekruten bis zur oben erwähnten 2. Woche mit dem Geschütz Kleinkaliber schießen. Hierbei wird er, ohne ihn durch neue Eindrücke zu belasten, gleichsam spielend an seine Hauptwaffe herangebracht. Den nach 2 Wochen beginnenden Geschützunterricht wird er schneller fassen, der Ausbilder wird es leichter haben.

Der Rahmendienstplan muß die gesamten 16 Wochen der Rekruten zeitlich festlegen. Hierbei gibt es 2 Möglichkeiten, und zwar:

A) Der Rekrutenzug wird geschlossen bis Weihnachten nach den in den Heeres-Ausbildungsvorschriften 470/1, 130/1 unter: „Alle" angegebenen Richtlinien ausgebildet, während mit der Ausbildung der unter „Außerdem" angeführten Ziele erst nach dem Weihnachtsurlaub, also ab Januar, begonnen wird. Oder

B) die Rekruten werden nach 4 Wochen (die Zeit, die gebraucht wird, um die Eignung der einzelnen Rekruten festzulegen) in 2 Züge eingeteilt, und zwar:
1.) in Zug der Abwehrschützen 50% (abzügl. M.G.=Schützen: 18 Mann Komp. K, 6 Mann Komp. J);
2.) in den Zug der Kraftfahrer 50%.

Diese 2 Züge werden bis zur Besichtigung getrennt für ihre Sonderbestimmung ausgebildet und haben nur den unter für: „Alle" angegebenen Dienst gemeinsam.

Vorteile zu Vorschlag A:
1.) Einheitlicher und leicht zu überwachender Dienstbetrieb bis Weihnachten.
2.) Beste Verwertung der Ausbilder, vor allem bei knapper Anzahl.
3.) Größtmögliche Einwirkung des Komp.=Chefs und Rekrutenoffiziers auf die Ausbildung.

Nachteile zu A:
1.) Mangel an Ausbildungsgerät und an Platz beim Dienstbetrieb des geschlossenen Rekrutenzuges.
2.) Das große Gebiet der Spezialistenausbildung wird in kurze Wochen zusammengedrängt.
3.) Die Ausbildung, vor allem der gleichmäßige Aufbau der Schießausbildung an der Pak, wird erschwert durch die vorhergegangene Unterweisung.

Vorteile zu B:
1.) Gleichmäßiger Aufbau der Ausbildung bis zur Besichtigung unter weitgehender Berücksichtigung der Sonderausbildung, vor allem der gründlichen Schießausbildung an der Pak.
2.) Günstige Verteilung des Ausbildungsgerätes und des verfügbaren Platzes.

Nachteile zu B:
1.) Mangel an geeigneten und durchgebildeten Zugführern und Ausbildern.
2.) Schwierige Diensteinteilung und Überwachung des Dienstbetriebes.
3.) Eine gewisse Gefahr, die in der allzugroßen Selbständigkeit der Unterführer liegt.

Bei Prüfung der Frage, welche der beiden Ausbildungsmöglichkeiten der Komp.=Chef nun anwenden soll, wird bis auf weiteres wegen des herrschenden Mangels an Offizieren und guten Ausbildern der Vorschlag A angewendet werden müssen. So ist im Anhang ein Dienstplanvorschlag über 9 Wochen (15. 10 bis 20. 12.) zusammengestellt, der als Anhalt dienen soll, weiterhin werden für die Zeit von Anfang Januar bis zur Rekrutenbesichtigung Anregungen gegeben, wie der Dienstbetrieb der Spezialistenausbildung, Pakschützen, Fahrer und M.G.=Schützen, betrieben werden kann.

Ein überaus wichtiger Punkt des Ausbildungsabschnittes ist die richtige Auswahl der Rekruten, die zu Pakschützen, Meldern, Fahrern und M.G.=Schützen geeignet sind. Es geht nicht an, daß Rekruten, die den Zivil=

führerschein besitzen, nur deswegen von vornherein zu Fahrern bestimmt werden, ohne festgestellt zu haben, ob sie sich zum Richtschützen eignen. Der wichtigste Mann in der Kompanie ist der Richtschütze. Ihm muß der Schwerpunkt der Ausbildung gelten. Jeder Komp.=Chef muß bemüht sein, am Ende des Ausbildungsjahres möglichst vielen einwandfrei festgestellten Richtschützen das Ehrenzeugnis „Richtschütze" in die Stammrolle schreiben zu können. Diese Notwendigkeit kann nicht nachhaltig genug unterstrichen werden.

Im sekundenschnellen Duell zwischen der Pak und den Panzern, die sie **niederkämpfen muß** – nicht abwehren –, kommt es vor allem auf die Kaltblütigkeit, die Spannkraft und die Sicherheit des Richtschützen an. Hat er diese Eigenschaften nicht, so ist die Wirkung unserer Waffe in Frage gestellt.

Dieses Buch soll diesen Gedanken Rechnung tragen.

II. Stundeneinteilung

für die Rekrutenausbildung 1. bis 9. Woche.

	1.	2.	3.	4.	5.	6.	7.	8.	9.	Woche
Offiziersunterricht ...	4	4	4	4	4	4	4	4	4	36 Std.
Uffz.=Unterricht	6	6	6	6	6	5	5	6	5	51 Std.
Exerzierausb. Gewehr .	9	9	6	6	5	6	5	6	5	57 Std.
Exerzierausb. Geschütz	—	—	3	3	4	5	5	6	6	32 Std.
Gefechtsausb. Gewehr .	6	6	6	6	6	3	3	3	3	42 Std.
Gefechtsausb. Geschütz .	—	—	—	—	—	—	3	3	3	9 Std.
Schießausb. Geschütz ...	—	2	2	2	3	6	4	3	5	27 Std.
Schießausb. Gew. u. Pist.	6	4	4	4	6	5	5	3	3	40 Std.
Sport	3	3	3	3	2½	2½	2½	2½	2½	24½ Std.
Waffenreinigen	6	6	6	6	4½	4½	4½	4½	4½	46½ Std.
Putz= u. Flickstunde ...	3	3	3	3	2	2	2	2	2	22 Std.
Appelle	1	1	1	1	1	1	1	1	1	9 Std.
	44	44	44	44	44	44	44	44	44	396 Std.

Offiziers=Unterricht.

Zeichenerklärung:
  C: Unterricht ist vom Kompaniechef abzuhalten.
  O: Unterricht ist vom Kompanieoffizier abzuhalten.
  Z: Unterricht ist vom Zugführer abzuhalten.
  C—O: Unterricht ist vom Kompaniechef oder Offizier abzuhalten.
  O—Z: Unterricht ist vom Offizier oder Zugführer abzuhalten.

1. Woche: 4 Stunden.
  C—O Pflichten des Soldaten. Eid.
  O   Schießlehre. H.Dv. 240 Ziffer 1—11.
       a) Schußvorgang der Waffe und Flugbahn.
       b) Flugbahnelemente.

2. Woche: 4 Stunden.
    C   Tagesfragen. Dazu:
             a) Vaterländische Geschichte.
             b) Besondere Vorkommnisse.
             c) Spionageabwehr.
             d) Wehrgesetz.
    C—O Wiederholung: Pflichten des Soldaten. Eid.
    O   Schießlehre. Wiederholung.

3. Woche: 4 Stunden.
    C   Tagesfragen: Spionageabwehr (listenmäßig).
    Z   Kartenlesen und Geländekunde.
    O—Z Gliederung der Wehrmacht.
    O   Schießlehre: Das Zielen. H.Dv. 240 Ziffer 12—15.

4. Woche: 4 Stunden.
    C   Tagesfragen.
    Z   Anfertigen von Meldungen und Skizzen.
    C—O Beschwerdeordnung.
    O   Schießlehre: Witterungseinflüsse. Streuung. H.Dv. 240 Ziffer 16—32.

5. Woche: 4 Stunden.
    C   Tagesfragen.
    C—O Kompanie K: Hauptkampfarten.
    O   Schießlehre. H.Dv. 240 Ziffer 33—45.

6. Woche: 4 Stunden.
    C   Tagesfragen.
    C   Unterweisung in der Kampfweise der Panzerabwehr- und der Panzerverbände.
    Z   Ausbildung im Sicherungs- und Meldedienst.
    Z   Feldposten.

7. Woche: 4 Stunden.
    C   Tagesfragen.
    C—O Kompanie K: Unterweisung im Erkennen der Merkmale von eigenen Panzerfahrzeugen.
    C—O Kompanie J: Einführung in die Kampfgrundsätze der Infanterie und das Zusammenwirken aller Infanteriewaffen im Gefecht.
    O   Schießlehre: Geschütz (Vorhaltemaße).
    Z   Unterweisung im Luft- und Gasschutz.

8. Woche: 4 Stunden.
    C   Tagesfragen.
    O—Z Standortwachdienst und Wachvorschrift.
    C—O Kompanie J: Einführung in die Kampfgrundsätze der Infanterie und in das Zusammenwirken aller Infanteriewaffen im Gefecht.
    O   Einsatz des Panzerabwehrzuges bei Hauptkampfarten.

9. Woche: 4 Stunden.
C Tagesfragen.
O—Z Standortwachdienst: Festnahme und Waffengebrauch.
O Zusammenwirken der aktiven und passiven Panzerabwehr (Sandkasten).
Wiederholung.

Gefechtsausbildung mit Gewehr (A.B.J. Heft 2a).

1. Woche: 6 Stunden.
Geländebeschreibung. A.B.J. Heft 2a Ziffer 131.
Sehübungen und Übungen im Bezeichnen von Zielen. A.B.J. Heft 2a Ziffer 147—151.
Feststellen der Himmelsrichtung und Zurechtfinden im Gelände. A.B.J. Ziffer 190—196.

2. Woche: 6 Stunden.
Zielerkennen, Entfernungsschätzen, Formen der geöffneten Ordnung. A.B.J. Heft 2a Ziffer 243—263.

3. Woche: 6 Stunden.
Geländebeschreibung (aus dem Gedächtnis), Anschlagsarten, H.Dv. 240 Ziffer 81—89.
In Stellung gehen. A.B.J. Heft 2a Ziffer 139—143.
Visierwahl. A.B.J. 2a Ziffer 270—271.
Geländeausnutzung. A.B.J. 2a Ziffer 131—134.
Das Vorarbeiten. A.B.J. 2a Ziffer 135—138.

4. Woche: 6 Stunden.
Formen der geöffneten Ordnung. A.B.J. 2a Ziffer 243.
Volle Deckung, Stopfen. A.B.J. 2a Ziffer 282—283.
Haltepunkt, Feuerzucht. A.B.J. 2a Ziffer 272—274.

5. Woche: 6 Stunden.
Nachtübung, Verhalten bei Dunkelheit und Nebel. A.B.J. 2a Ziffer 161—168.
Wiederholung.

6. Woche: 3 Stunden.
Vorüben im Handgranatenwerfen. A.B.J. 2a Ziffer 125.
Aufklärungs- und Sicherheitsdienst, Spähtrupp und Meldeübungen. A.B.J. 2a Ziffer 197—207.

7. Woche: 3 Stunden.
Angriffsbewegungen, der Feuerkampf des Schützentrupps — A.B.J. 2a Ziffer 279—280.
Schanzzeuggebrauch und Tarnung A.B.J. 2a Ziffer 144—146.

8. Woche: 3 Stunden.
Schulwerfen mit Übungshandgranaten. A.B.J. 2a Ziffer 125.
Aufklärungs- und Sicherheitsdienst, Feldposten. A.B.J. 2a Ziffer 213—217.

9. Woche: 3 Stunden.
    Das Besetzen und Halten einer Stellung. A.V.J. 2a Ziffer 302 bis 310.
    Der Einbruch. A.V.J. 2a Ziffer 294—301.

Gefechtsausbildung mit Geschütz (H.Dv. 470/6).

1.—6. Woche: — — — — — —
7. Woche: 3 Stunden.
    Feuerstellung des Einzelgeschützes.
    Straßensicherung.
    Ortssicherung.
8. Woche: 3 Stunden.
    Geschützausbildung wie 7. Woche.
9. Woche: 3 Stunden.
    Geschützausbildung wie 7. Woche.

Exerzieren mit Gewehr (A.V.J. Heft 2a und 2b).

1. Woche: 10 Stunden.
    Grundstellung. A.V.J. 2a Ziffer 1—5.
    Wendungen. A.V.J. 2a Ziffer 26—30.
    Ehrenbezeigungen. A.V.J. 2a Ziffer 46—56.
2. Woche: 10 Stunden.
    Antreteübungen, Richtübungen, Wiederholung.
3. Woche: 9 Stunden.
    Griffe. A.V.J. 2a Ziffer 6—11. Marsch Ziffer 17—19.
    Umhängen des Gewehrs, Gewehr auf den Rücken, Gewehr um den Hals. A.V.J. 2a Ziffer 12—16.
    Laden und Sichern. A.V.J. 2a Ziffer 33—39.
4. Woche: 9 Stunden.
    Aufpflanzen und An-Ortbringen des Seitengewehres. A.V.J. 2a Ziffer 42—45.
    Wendungen. A.V.J. 2a Ziffer 26—31.
    Ehrenbezeigungen mit Gewehr. A.V.J. 2a Ziffer 54—56.
    Wiederholung.
5. Woche: 5 Stunden.
    Zusammensetzen der Gewehre. A.V.J. 2a Ziffer 240—243.
    Exerziermarsch. A.V.J. 2a Ziffer 20—25.
    Hinlegen und Auf. A.V.J. 2a Ziffer 31—32.
6. Woche: 6 Stunden.
    Wiederholung. A.V.J. 2a.
    Ausbildung mit Gasmaske. A.V.J. 2a Ziffer 152—160.
7. Woche: 5 Stunden.
    Bewegungen in der Gruppe. A.V.J. 2a Ziffer 225—239.
    Wiederholung.

8. Woche: 6 Stunden.
Griffe in geschlossener Abteilung.
Wiederholung.

9. Woche: 5 Stunden.
Wiederholung.

Ausbildung am Geschütz.

1. u. 2. Woche: — — — — — —

3. Woche: 3 Stunden. Einteilung, Aufstellen am abgeprotzten Geschütz.

4. Woche: 3 Stunden. Fertigmachen des Geschützes zum Schießen und Fahren.

5. Woche: 4 Stunden Wiederholung.

6. Woche: 5 Stunden Wiederholung.

7. Woche: 5 Stunden. Handhaben des Geschützes beim Schießen. Wiederholung.

8. Woche: 6 Stunden.
Auf- und Absitzen am Fahrzeug.
Ab- und Aufprotzen des Geschützes.

9. Woche: 6 Stunden. Bewegen des abgeprotzten Geschützes.
Wiederholung.

Schießausbildung mit Gewehr und Pistole (H.Dv. 240).

1. Woche: 6 Stunden.
Erklärung der Scheiben. H.Dv. 240 Ziffer 330.
Umfassen des Kolbenhalses. H.Dv. 240 Ziffer 72.
Zielen. H.Dv. 240 Ziffer 64.

2. Woche: 4 Stunden.
Abkrümmen. H.Dv. 240 Ziffer 73—74.
Zielübungen auf dem Sandsack.
Wiederholung.

3. Woche: 4 Stunden.
Dreieckzielen. H.Dv. 240 Ziffer 67.
Anschlag sitzend am Tisch. H.Dv. 240 Ziffer 70.
Anschlag liegend aufgelegt. H.Dv. 240 Ziffer 82.
Kleinkaliberschießen mit Gewehr (Schulschießübung).

4. Woche: 4 Stunden.
Vorüben mit Platzpatronen der 1. Schulschießübung.
Anschlag sitzend am Tisch. H.Dv. 240 Ziffer 70.
Kleinkaliberschießen mit Gewehr (Schulschießübung).

5. Woche: 6 Stunden.
Anschlag liegend freihändig. H.Dv. 240 Ziffer 82.
Erschießen des Haltepunktes (Schießstand).
Wiederholung.
Kleinkaliberschießen (Schulschießübung).

6. Woche: 5 Stunden.
: Schießen der 1. Schulschießübung nach H.Dv. 240 Ziffer 112.
: Anschlag stehend. H.Dv. 240 Ziffer 85.
: Kleinkaliberschießen (Schulschießübung).
: Schießen mit Platzpatronen.

7. Woche: 5 Stunden.
: Schießen der 2. Schulschießübung. H.Dv. 240 Ziffer 112.
: Anschlag stehend. H.Dv. 240 Ziffer 85.
: Schießen mit Platzpatronen.
: Handhabung der Pistole und Anschlag stehend. H.Dv. 240 Ziffer 144.
: Kleinkaliberschießen (Schulschießübung).

8. Woche: 3 Stunden.
: Schießen der 3. Schulschießübung. H.Dv. 240 Ziffer 112.
: Anschlagsarten. H.Dv. 240 Ziffer 81.

9. Woche: 3 Stunden.
: Schießen der Nachzügler. H.Dv. 240 Ziffer 112.
: Schnellschuß. H.Dv. 240 Ziffer 89.

Schießausbildung mit Geschütz (H.Dv. 241).

1. Woche: — — — — — — —

2. Woche: 2 Stunden.
: Kleinkaliberschießen mit Geschütz.

3. Woche: 2 Stunden.
: Kleinkaliberschießen mit Geschütz.

4. Woche: 2 Stunden.
: Kleinkaliberschießen mit Geschütz. 3. Übung nach H.Dv. 241.

5. Woche: 3 Stunden.
: Kleinkaliberschießen mit Geschütz. 4. Übung nach H.Dv. 241.
: Dreieckzielen mit Geschütz.

6. Woche: 6 Stunden.
: Kleinkaliberschießen mit Geschütz. 5. Übung nach H.Dv. 241.
: Schießen mit Schießgerät 35 (Übungsplatz).

7. Woche: 4 Stunden.
: Kleinkaliberschießen mit Geschütz (Nachzügler).
: Dreieckzielen mit Geschütz.

8. Woche: 3 Stunden.
: Kleinkaliberschießen mit Geschütz. 6. Übung nach H.Dv. 241.
: Dreieckzielen mit Geschütz.
: Ziel- und Richtübungen.

9. Woche: 5 Stunden.
: Kleinkaliberschießen mit Geschütz (Nachzügler). H.Dv. 241.
: Schießen mit Schießgerät 35 (Übungsplatz).
: Dreieckzielen mit Geschütz.
: Ziel- und Richtübungen mit Geschütz.

Unteroffiziers-Unterricht.

1. Woche: 6 Stunden.
   Kasernen-, Stuben- und Spindordnung.
   Vorgesetzte und Dienstgradabzeichen.
   Körperpflege.

2. Woche: 6 Stunden.
   Gewehr 98 K.
   Sanitätsdienstgrade und Dienstgrade der Luftwaffe.
   Benehmen gegen Vorgesetzte. — Wiederholung.

3. Woche: 6 Stunden.
   Gewehr 98 K.
   Behandlung der Bekleidung und Ausrüstung.
   Verhalten in und außer Dienst.
   Wiederholung.

4. Woche: 6 Stunden.
   Verhalten auf dem Schießstand.
   Munitionsarten (Gewehr).
   Gliederung einer Panzerabwehrkompanie.
   Wiederholung.

5. Woche: 6 Stunden.
   Verhalten bei Feuer und Alarm.
   Handgranate.
   Geschütz.
   Wiederholung.

6. Woche: 5 Stunden.
   Gasmaske.
   Pistole (soweit zur Handhabung beim Schießen erforderlich).
   Geschütz.
   Wiederholung.

7. Woche: 5 Stunden.
   Geschütz.
   Verhalten auf Urlaub.
   Pistole.
   Wiederholung.

8. Woche: 6 Stunden.
   Gasmaske.
   Handgranate.
   Geschütz.
   Wiederholung.

9. Woche: 5 Stunden.
   Geschütz.
   Gewehr 98 K.
   Handgranate und Pistole.
   Wiederholung.

Sport nach H.Dv. 475.

1. Woche: 4 Stunden.
   Freiübungen. H.Dv. 475 Absatz 43—44.
   Spiele. H.Dv. 475 Absatz 72—73.

2. Woche: 4 Stunden.
   Freiübungen. H.Dv. 475 Absatz 43—44.
   Spiele. H.Dv. 475 Absatz 71, 74, 76.
   Geländelauf. H.Dv. 475 Absatz 82—82b.

3. Woche: 3 Stunden.
   Freiübungen. Wiederholung.
   Tauziehen.
   Geländelauf. H.Dv. 475 Absatz 82—82b.

4. Woche: 3 Stunden.
   Gymnastik. H.Dv. 475 Absatz 45, Seite 38, 39, 44—46.
   Pferd. H.Dv. 475 Seite 66 Absatz c.
   Schwimmen H.Dv. 475 Seite 77 Absatz 57—68.

5. Woche: 2½ Stunden.
   Reck. H.Dv. 475 Seite 65 Absatz a.
   Barren. H.Dv. 475 Seite 66 Absatz b.
   Schwimmen H.Dv. 475 Seite 77 Absatz 57—68.

6.—9. Woche: je 2½ Stunden nach H.Dv. 475. — Wiederholung.

Innendienst.

Waffenreinigen.

1.—2. Woche: je 4 Stunden.
3.—4. Woche: je 6 Stunden.
5.—9. Woche: je 4½ Stunden.

Putz- und Flickstunde.

1.—4. Woche: je 3 Stunden.
5.—9. Woche: je 2 Stunden.

Appelle.

1.—9. Woche: je 1 Stunde.

Der Dienstplan soll Anregungen geben. Die Zeiteinteilung geht nur über 8 Stunden, das heißt vormittags 4 Stunden von 7 bis 11 Uhr, nachmittags 4 Stunden von 13 bis 17 Uhr. Es sind keine Pausen berücksichtigt. Die Zeit von 17 bis 19 Uhr kann für zusätzlichen Dienst ausgenutzt werden.

Im übrigen hat es sich als praktisch erwiesen, daß Exerzieren und Schießausbildung zusammengelegt werden. Das heißt also z. B. von 7 bis 11 Uhr Exerzieren und Schießausbildung (Gewehr oder Geschütz). Hierbei werden Ausbilder und Gerät am besten ausgenutzt und für rege Abwechslung gesorgt. Diese Abwechslung muß vom Aufsichtshabenden auf Minuten festgelegt werden.

Die Unterweisung im Luftschutz- und Gasabwehrdienst hat während der Gefechtsausbildung zu geschehen.

Für die Sonderausbildung steht die Zeit von Januar bis März zur Verfügung, also 11 Wochen. Im Februar oder März findet die Rekrutenbesichtigung statt. Der Rekrut, der in der Sonderausbildung steht, wird leicht das in der 1. bis 9. Woche Gelernte vergessen. Es muß sich erreichen lassen, daß an drei halben Tagen der Woche sämtliche Rekruten zusammengezogen und auf die Rekrutenbesichtigung vorbereitet werden.

Die Rekrutenbesichtigung ist eine Einzelbesichtigung, während am Schluß des Winterhalbjahres also Ende März die Sonderausbildung abgeschlossen sein muß, das heißt, die Geschütz- und M.G.-Bedienungen müssen eingespielt sein, Fahrer und Melder müssen die in den Heeres-Ausbildungsvorschriften 470/1 oder 130/1 gesteckten Ziele erreicht haben.

Die Rekrutenausbildung muß eine Zeit von mindestens 16 Wochen (nach den genannten Vorschriften) dauern.

Je früher die Einzelbesichtigung nach Ablauf der 16 Wochen gelegt wird, desto mehr Zeit bleibt für die Sonderausbildung der geschlossenen Geschütz- und M.G.-Bedienungen und für die fahrtechnische Ausbildung der Fahrer und Melder.

III. Die Ausbildung an der Panzerabwehrkanone (Geschütz).
Allgemeines.

Der schnell verlaufende Kampf zwischen Panzer und Panzerabwehr verlangt von dieser sekundenschnelle Feuerbereitschaft, sicheres und schnelles Schießen.

Entscheidend für den Erfolg im Kampf gegen Panzerkampfwagen ist vollendetes Zusammenarbeiten der Schützen einer Geschützbedienung und hohe Schießfertigkeit.

Der Panzerabwehrschütze muß daher im Gefechtsdienst drillmäßig so ausgebildet sein, daß er diesen hohen Anforderungen gerecht werden kann.

Einteilung und Aufgaben der Geschützbedienung und des Fahrers.

Zu einer Geschützbedienung gehören ein Geschützführer und vier Schützen, außerdem der Fahrer.

Geschützführer ist verantwortlich für die Gefechtsbereitschaft seines Geschützes und die Pflege von Waffen, Gerät und des Fahrzeuges.

Im Gefecht ist er verantwortlich für die Durchführung seines Kampfauftrages.

In der Feuerstellung führt er sein Geschütz, sorgt für Freimachen des Schußfeldes, Deckung und Tarnung und überwacht die Tätigkeit der Bedienung. Bei Einzelverwendung des Geschützes bestimmt er die Protzenstellung.

Schütze 1 ist der Richtschütze und der Stellvertreter des Geschützführers. Er richtet das Geschütz und bedient es beim Schießen mit dem Schützen 2.

Schütze 2 ist der Ladeschütze und unterstützt den Richtschützen in der Bedienung des Geschützes.

Schütze 3 ist Munitionsschütze. Im Feuerkampf reicht er dem Schützen 2 die Munition handgerecht zu.

Schütze 4 ist Munitionsschütze. Er schafft die Munition heran und legt sie dem Schützen 3 griffbereit hin.

Fahrer: Er ist verantwortlich für die Verwendungsbereitschaft seines Fahrzeuges und für Vollzähligkeit und Brauchbarkeit der kraftfahrtechnischen Ausrüstung. Im Gefecht hält er Verbindung zum Geschützführer bzw. zum Protzenführer.

Sämtliche Mannschaften der Geschützbedienung müssen die Tätigkeiten jedes Schützen beherrschen, damit sie sich in allen Lagen gegenseitig unterstützen können.

Bild 1.

1. Das abgeprotzte Geschütz.

1.) Die Aufstellung am abgeprotzten Geschütz geschieht auf das Kommando: „Hinter dem Geschütz antreten!" Die Bedienung tritt nach Bild 1 an und rührt. (Bild 1.)

2. Das Geschütz in Feuerstellung.

Auf das Kommando: „Allgemeine Richtung! — Stellung!" wird das Geschütz mit dem Rohr in die Richtung gebracht, in die der Geschützführer mit seinen Armen zeigt, und feuerbereit gemacht. Das Üben des Instellunggehens ist ein wichtiger Bestandteil der Geschützausbildung. Die Reihenfolge der einzelnen Tätigkeiten muß jedesmal dieselbe sein, denn gar zu leicht übergeht ein Schütze im Eifer des Gefechts einen Griff, und wertvolle Sekunden sind verloren, bis der vergessene Griff nachgeholt ist. Die Bedienung ist bei den Tätigkeiten aufeinander angewiesen, denn wenn z. B. die Schützen 1 und 2 die Zurrung der Holme nicht gelöst haben, so können die Schützen 3 und 4 die Holme nicht spreizen. Die Tätigkeiten müssen mit schlafwandlerischer

Sicherheit beherrscht werden und ineinander übergehen. Sie werden zweckmäßig tempoweise erlernt.

Tempo 1 Schützen 1 und 2 entzurren die Holme, Schütze 2 entzurrt die Seitenrichtmaschine.
Schützen 3 und 4 legen die Patronenkästen*) hinter die Holme.
Schütze 3 löst die Kupplung am Sporn.

Tempo 2 Schützen 1 und 2 zurren die Schwingschenkel.
Schützen 3 und 4 spreizen die Holme.

Tempo 3 Schützen 1 und 2 zurren die gespreizten Holme.
Schütze 2 entriegelt den Unterschild und klappt ihn herunter.
Schütze 3 packt Munition aus.
Schütze 4 nimmt die Mündungskappe ab, hängt sie so auf die rechte bewegliche Schildstütze des Stirnschildes, daß das Katzenauge nach unten zeigt, und löst den Karabinerhaken der Mündungskappe.

Tempo 4 Schütze 2 nimmt den Verschlußüberzug und den Schutzkasten ab und hängt beide hinter sich auf den rechten Holm.
Schütze 1 entzurrt die Höhenrichtmaschine und kurbelt das Rohr in die Waagerechte.

Tempo 5 Schütze 1 löst die Klemmschraube am Fernrohrträger, zieht den Schutzschieber (das Notvisier) ab, schiebt das dem Fernrohrkasten entnommene Zielfernrohr auf und zieht die Klemmschraube genügend fest an. Dann öffnet er den Durchblick im Stirnschild.
Bei allen Tätigkeiten ist darauf zu achten, daß die Schützen den Schild als Deckung ausnutzen.
Es ist verboten, exerziermäßig als Griffe auszuführen:
Das Aufschieben und Abnehmen des Schutzschiebers (Notvisiers) und des Zielfernrohrs, ferner das Entnehmen des Zielfernrohrs aus dem Fernrohrkasten und das Wiedereinlagern.

Tempo 6 Schütze 3 reicht Munition zu.
Schütze 2 ladet.
Die Bedienung kniet oder liegt unter Ausnutzung des Geländes.

3. Die Geschützbedienung beim Schießen.

Schütze 1 kniet oder sitzt auf dem linken Holm. Er muß mit den Augen zum Richten 15 bis 18 cm vom Fernrohreinblick abbleiben. Beim Beginn des Feuerkampfes muß er diesen Abstand verdoppeln, bis das Geschütz fest im Boden sitzt. Er bedient mit der linken Hand die Höhenrichtmaschine und die Abfeuerung (Drücker) und mit der rechten Hand die Seitenrichtmaschine. Beide Richtmaschinen muß er schnell, sicher, gleichzeitig und nach jeder Richtung hin auch einzeln betätigen können. Zur Abgabe des Schusses ist der Drücker am Handrad der Höhenrichtmaschine kurz und kräftig durchzudrücken.
Der Abweiser soll verhindern, daß der Schütze 1 von dem zurücklaufenden Rohr verletzt wird. Er darf sich nicht gegen den Abweiser lehnen.

Schütze 2 kniet oder sitzt auf dem rechten Holm so, daß er mit der rechten Hand den Verschluß öffnen und mit der linken Hand laden kann.

---
*) Soweit noch nicht vorhanden, Munitionskörbe.

Er empfängt die Munition vom Schützen 3 und erfaßt jede Patrone am unteren Teil (Boden) und ladet. (Bild 2.) Er hat wegen des Rohrrücklaufes stets auf die Schwenkung des Rohres zu achten und dementsprechend seinen Platz so zu wählen, daß eine Verletzung durch das zurücklaufende Rohr ausgeschlossen ist (s. Bild 2).

Schütze 3 kniet oder liegt möglichst gedeckt durch den Schutzschild so, daß er dem Schützen 2 die Patronen zureichen kann.

Schütze 3 erfaßt jede einzelne Patrone am oberen Teil (Geschoß) und reicht sie dem Schützen 2 handgerecht zu.

Bild 2.

Die Munition liegt hierzu griffbereit hinter den Holmen. Schütze 3 hat laufend unaufgefordert die noch verfügbare Munition zu melden, indem er dem Geschützführer zuruft: „Noch 5 Patronenkästen (Körbe)", „noch 4", „noch 3" usw.

Schütze 4 liegt unter Ausnutzung des Geländes so, daß er beobachten und seine Beobachtungen dem Geschützführer zurufen kann.

Die Deckung, die das Schutzschild bietet, ist im Gefecht jederzeit auszunutzen.

Der Geschützführer gehört so dicht als möglich an seine Waffe. Er wird, wenn Deckung vorhanden, oft liegen. Ebenso wird Schütze 3 in den meisten Fällen seine Munition liegend zureichen. Schützen 1 und 2 müssen beim Schwenken des Rohres im Schutz des Panzerschildes mitgehen.

4. Beispiele für Richten und Schießen.

a) Panzerkampfwagen fahren gerade auf das Geschütz zu. Der Geschützführer gibt Zielansprache und Feuerbefehl: „Geradeaus! — 1000! — Am Waldrand Panzerkampfwagen! — Richten!" Der Richtschütze richtet unter gleichzeitiger Betätigung der Höhen- und Seitenrichtmaschine das

Ziel so an, daß es auf der Marke 800 aufsitzt und der senkrechte Strich auf Zielmitte liegt.

Während des Anfahrens der Kampfwagen ist durch ständiges Nachrichten der Höhenrichtmaschine die Marke 800 „Ziel aufsitzend" zu halten. Auf das Kommando: „Feuer frei!" betätigt der Richtschütze im weiteren Mitgehen die Abfeuerung. Die Wahl des Zieles bleibt in der Regel dem Richtschützen überlassen, wenn nicht der Geschützführer durch seinen Befehl, z. B. „2. von rechts" das Ziel bestimmt.

Nach Niederkämpfen eines Zieles geht der Richtschütze selbständig so schnell wie möglich auf ein neues Ziel über. Er wird dabei von dem dicht neben ihm befindlichen Geschützführer unterstützt.

Beim Herankommen der Kampfwagen auf 600 m wechselt Schütze 1 selbständig oder auf das Kommando des Geschützführers „600!" die Visiermarke und läßt mit Marke 600 das Ziel ständig a u f s i t z e n.

Bei Herankommen der Kampfwagen auf 400 m ist mit der Marke 400 i n s Z i e l zu gehen.

b) Panzerkampfwagen fahren quer oder schräg zur Schußrichtung, z. B. von links nach rechts mit 24 km/std.

Der Geschützführer gibt Zielansprache und Feuerbefehl: „Links — 500! — Aus der Buschgruppe Panzerkampfwagen! — Eine Zielbreite vorhalten! — Feuer frei!"

Der Richtschütze richtet dann mit der Marke 600 unter Berücksichtigung des befohlenen Vorhaltemaßes das Ziel aufsitzend an, geht in diesem Abstand mit und betätigt in weiterem Mitgehen die Abfeuerung.

Meist wird der Geschützführer nur beim ersten Feuerbefehl das Vorhaltemaß mitbefehlen und weiterhin durch Zuruf, wie z. B. „Eine halbe Zielbreite weiter rechts anhalten", Trefferergebnisse zu verbessern suchen. Im übrigen wählt der Richtschütze selbständig Ziel und Vorhaltemaße.

c) Geschützpanzerkampfwagen stehen auf 1100 m am Dorfausgang und überwachen mit ihren Geschützen den Angriff der leichten Panzer. Der Geschützführer gibt Zielansprache und Feuerbefehl: „Geradeaus! — 1100! — Am Dorfausgang ein Panzerkampfwagen! — $1/2$ Zielhöhe darunterhalten! — Feuer frei!"

Der Richtschütze hält mit der 1200 m-Marke $1/2$ Zielhöhe darunter und betätigt die Abfeuerung.

Um Panzerkampfwagen rasch niederkämpfen zu können, ist das sichere Schätzen von Entfernung und Geschwindigkeit, die das Vorhaltemaß bestimmen, von entscheidender Bedeutung. Daher müssen alle Schützen so ausgebildet sein, daß sie Entfernungen, Geschwindigkeiten und die Vorhaltemaße sofort und richtig ansagen können.

Die Hauptentfernungen 400, 600 und 800 m sind dafür entscheidend. Vorhaltemaße und Geschwindigkeiten brauchen dagegen nur geschätzt zu werden. — Kein Auswendiglernen der Vorhaltemaße.

Häufiges Schießen auf bewegliche Ziele von 800 m an abwärts erzieht den Schützen zum gefühlsmäßig richtigen Vorhalten.

5. Das Geschütz in der Feuerbereitschaft.

Niemals darf das Geschütz vor der Feuereröffnung vom Feinde gesehen werden. Daher wird es meist gedeckt dicht bei der Feuerstellung stehen, um bei einem Panzerangriff schnell vorgeworfen zu werden. Es steht dann — feuerbereit — geladen und gesichert, meist mit geschlossenen, aber schon entzurrten Holmen, das Rohr so hoch gekurbelt, daß es beim Instellunggehen nicht mit der Mündung in den Boden gestoßen werden kann, in der Deckung. Hierzu hat der Geschützführer befohlen: „Feuerbereitschaft! Allgemeine Richtung!"

Der Geschützführer beobachtet, die Geschützbedienung liegt gedeckt und sorgfältig getarnt beim getarnten Geschütz. Alle Vorbereitungen sind getroffen (Patronenkästen in der vorbereiteten Feuerstellung niedergelegt), um reibungslos und schnell das Geschütz in die Feuerstellung zu bringen.

Bild 3.

6. Das Instellunggehen des Geschützes.

Auf das Kommando oder Zeichen des Geschützführers: „Stellung!" erfassen die Schützen das Geschütz und schieben oder ziehen es in die vorbereitete Feuerstellung. Zum Schieben erfassen Schützen 1 und 2 das Geschütz am Panzerschild und an den Rädern, Schützen 3 und 4 an den Handgriffen am Sporn. Beim Ziehen, Rohr zum Feind, haben z. B. Schützen 3 und 4 die Ziehseile unter den Seitenschilden durchgezogen und ziehen, während Schützen 1 und 2 das Geschütz an den Handgriffen erfaßt haben und schieben (s. Bild 3).

Zieleinrichtung, Richtmaschinen, Rohr, Wiege und die Handgriffe des Verschlusses dürfen dabei nicht als Handhabe benutzt werden.

7. „Neue allgemeine Richtung!"

Reicht der Schwenkbereich des in Feuerstellung stehenden Geschützes nicht aus, so befiehlt der Geschützführer unter Anzeigen der Richtung: „Neue allgemeine Richtung!"

Der Geschützführer erfaßt darauf den linken, der Schütze 3 den rechten Handgriff am Sporn und bringen das Geschütz in die neue allgemeine Richtung. Das Drehen des Geschützes geschieht auf dem linken Rade (s. Bild 4).

Schützen 1 und 2 machen die Drehung des Geschützes auf ihren Plätzen mit. Schütze 1 bleibt mit seinen Augen am Zielfernrohr. Schütze 3 legt die Munition an den neuen Platz, nachdem er das Geschütz gedreht hat.

Bild 4.

8. Das Geschütz wird in Deckung gebracht.

Auf das Kommando oder Zeichen: „Volle Deckung!" wird die Feuerstellung geräumt. Das Rohr wird wie zur „Feuerbereitschaft" auf Mittelstellung hochgekurbelt. Schützen 1 und 2 erfassen das Geschütz am Panzerschild, Schützen 3 und 4 erfassen das Geschütz an den Handgriffen und reißen es in die Deckung zurück. War das Geschütz mit geschlossenen Holmen aus der Deckung in die Feuerstellung geschoben worden, so muß es auch mit geschlossenen Holmen wieder in die Deckung gezogen werden. Hierzu entzurren Schützen 1 und 2 die Holme, Schützen 3 und 4 legen die Holme zusammen, Schütze 3 legt die Kupplung am Sporn ein.

Das Geschütz wird in Deckung wieder feuerbereit gemacht und gesichert oder zum Stellungswechsel fahrbereit gemacht.

9. Das Geschütz macht „Stellungswechsel".

Soll eine andere Feuerstellung bezogen oder das Geschütz fahrbereit gemacht werden, wird das Kommando: „Stellungswechsel!" gegeben. Das Geschütz wird erst in Deckung gezogen und dann fertiggemacht.

Jeder Stellungswechsel muß rasch geschehen, deswegen müssen, wie beim Instellunggehen, alle Schützen ihre Tätigkeiten in richtiger Reihenfolge genauestens beherrschen. Die Tätigkeiten werden zweckmäßig tempoweise erlernt.

Tempo 1 Schützen 1 und 2 entzurren die Holme und die Schwingschenkel.
Tempo 2 Schütze 2 entladet das Geschütz und entspannt durch Abziehen des Abzuggriffes mit der rechten Hand.
Schütze 1 kurbelt das Rohr nach Seite und Höhe in Fahrstellung und zurrt die Höhenrichtmaschine.
Schützen 3 und 4 verpacken die Munition.
Tempo 3 Schütze 1 legt das Zielfernrohr in den Fernrohrkasten zurück, setzt den Schutzschieber (das Notvisier) auf den Fernrohrträger und schließt den Durchblick.
Schütze 2 setzt den Verschlußüberzug mit Schutzkasten auf.
Schützen 3 und 4 legen die Holme zusammen.
Schütze 3 legt die Kupplung am Sporn ein.
Tempo 4 Schützen 1 und 2 zurren die Seitenrichtmaschine und die Holme.
Schütze 4 setzt die Mündungskappe auf und klappt den Unterschild mit dem rechten Fuße hoch.

Auf: „Protzt auf!" wird das Geschütz aufgeprotzt. Ist „Mannschaftszug" befohlen, werden die Ziehseile eingehakt.

Ein Stellungswechsel unter feindlichem Feuer ist schwer. Alle Bewegungen müssen der Sicht des Feindes entzogen sein. Die Geschützbedienung muß also wissen, daß jeder Stellungswechsel eine Gefechtstätigkeit darstellt und in Deckung auszuführen ist. Der Geschützführer beobachtet weiter. Keineswegs darf das Zeichen „Stellungswechsel" das Heranfahren der Protzen auslösen. Diese werden erst durch das Zeichen „Protzen vor" herangeholt. Das friedensmäßige Abrücken aus einer Feuerstellung ist kein Stellungswechsel.

10. Bewegen des Geschützes im Mannschaftszug.

Exerziermäßige Bewegungen des abgeprotzten Geschützes sind verboten. Das Geschütz kann nur auf kurze Strecken durch Mannschaften bewegt werden,

Schütze 4   Schütze 3   Bild 5.   Schütze 2   Schütze 1

da sonst ruhiges Schießen bei der sofort folgenden Feuereröffnung ausgeschlossen und der Munitionsersatz erschwert ist.

Das Bewegen des abgeprotzten Geschützes im schwierigen Gelände ist aber häufig zu üben.

Diese Grundsätze der Vorschrift sind bestimmend für die Ausbildung (Bild 5). Auf das Kommando: „Mannschaftszug!" tritt die Bedienung an das Geschütz und rührt; Schützen 1 und 2 lösen die Ziehseile und haken die Ziehgurte in diese ein.

Bild 6a.

Schütze 4   Schütze 3   Schütze 2   Schütze 1

Siehe „Geschütz marsch!"

Auf das Kommando: „Geschütz marsch!" nehmen Schützen 1 und 2 den Sporn, Schützen 3 und 4 je 2 Patronenkästen auf, treten an und folgen dem Geschützführer. Um ruckartiges Ziehen auszuschließen, ist Gleichschritt zu vermeiden.

Bild 6a: „Geschütz marsch!" Der Geschützführer eilt voraus, gibt die Marschrichtung an und erkundet den Weg.

Es kommt darauf an, im Mannschaftszug die Deckungen auszunutzen, die das Gelände bietet; es muß also zumeist schwieriges Gelände überwunden werden.

Hierzu kann „Mannschaftszug zu vieren!" befohlen werden (Bild 6b). Ausführung: 4 Patronenkästen werden an die Mun.-Tragevorrichtung für 3,7 cm-Pak am Stirnschild angehängt (siehe Anlage 5, die Mun.-Tragevorrichtung für 3,7 cm-Pak bleibt stets am Geschütz). Sollen 8 Patronenkästen mitgeführt werden, dann tragen Schützen 1—4 in der äußeren Hand je 1 Patronenkasten. Die Schützen 1 und 2 haken die Ziehseile an der Unterlafette aus und in die Handgriffe des Sporns ein. Sie haken sich mit den inneren Armen unter, um in gleicher Richtung zu ziehen.

Bild 6b.

Zum schnellen Überwinden von gefährdetem Gelände kann „Marsch, marsch!" befohlen werden. Auf das Kommando oder Zeichen: „Hinlegen!" springen die Schützen 1 und 2 seitlich heraus, der Sporn ist von den Schützen 3 und 4 langsam niederzusetzen.

Auf das Kommando: „Auf!" stehen die Schützen auf und rühren. Erfolgt aus dem Hinlegen das Kommando: „Geschütz — Marsch!", so tritt die Bedienung sofort an.

Bild 7.

Auf das Kommando oder Zeichen: „Halt!" sind nach dem Halten Sporn und Munition langsam abzusetzen.

Auf das Kommando: „Aushaken!" werden die Ziehgurte ausgehakt und die Ziehseile an den Holmen befestigt.

Bei der Ausbildung ist darauf zu achten, daß jeder Patronenkasten das richtige Gewicht von 20 kg hat.

Das aufgeprotzte Geschütz.

Zu jedem Geschütz gehören außer der Bedienung Patronenkästen und Ergänzungskästen, der Fahrer und ein Protzkraftwagen (Kfz. 69).

Bei der Infanterie=Panzerabwehr=Kompanie sitzt die Bedienung auf 2 Kübelsitzwagen (Kfz. 12). Der Geschützführer, die Schützen 1 und 2 und der 1. Fahrer sitzen auf dem Geschützwagen mit angehängtem Geschütz, die Schützen 3 und 4 sowie der 2. Fahrer auf dem Munitionswagen mit angehängtem Munitionsanhänger.

1. In Linie angetreten.

Auf das Kommando: „In Linie angetreten!" tritt die Bedienung in Linie zu 3 Gliedern mit „Gewehr ab" nach Bild 7 an.

Die Geschützbedienung einer Infanterie=Panzerabwehr=Kompanie tritt auf das Kommando: „In Linie zu 2 Gliedern — angetreten!" vor ihrem Geschützführer nach Bild 8 an.

Bild 8.

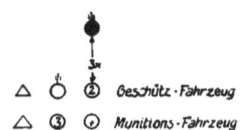

Die Ziehgurte werden vom Schützen 1 von der linken Schulter zur rechten Hüfte und vom Schützen 2 von der rechten Schulter zur linken Hüfte umgehängt.

Auf das Kommando: „An die Fahrzeuge!" begibt sich die Bedienung auf dem kürzesten Wege auf die Plätze am Fahrzeug neben dem Einstieg nach Bild 10, Inf. Bild 11, und rührt.

Auf dem Wege zum Fahrzeug hängen Geschützführer, die Schützen 3 und 4 die Gewehre, Lauf nach rechts, um den Hals. Der Fahrer stellt sein Gewehr in die Gewehrstütze am Fahrzeug.

2. Auf= und Absitzen.

a) Aufsitzen.

Auf das Kommando oder Zeichen: „Aufsitzen!" sitzt alles rasch auf. Der Fahrer läßt den Motor an. Geschützführer, Schützen 3 und 4, mit Ausnahme des Fahrers, umfassen mit der beim Aufsitzen freien Hand den Kolben und nehmen nach dem Aufsitzen den Kolben des Gewehrs zwischen die Knie. Beim Hinsetzen ist darauf zu achten, daß das Schanzzeug in Schräglage kommt und nicht senkrecht auf den Sitz aufstößt; es liegt dann nach Beendigung des Aufsitzens am linken Oberschenkel. Es wird gerührt.

Bild 9.
Trageweise der Gasmasken.

Fahrer beim Antreten sowie beim Sitzen im Fahrzeug, Schützen 1 bis 4 am Geschütz im Gefecht.

Geschützführer, Schütze 3 und 4 beim Sitzen im Fahrzeug.

Schütze 3 und 4 beim Instellunggehen.

Das rasche Aufsitzen auf Kfz. 69 ist mit voller Ausrüstung nicht einfach. Folgendes Verfahren hat sich in der Praxis bewährt: Geschützführer, Schützen 3 und 4 erfassen mit der inneren Hand den Kolbenhals, die gesamte Bedienung mit der äußeren Hand unter gleichzeitiger Wendung zum Fahr-

Bild 10.   Bild 11.

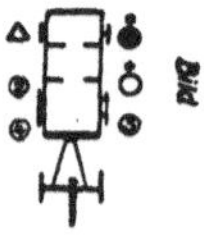

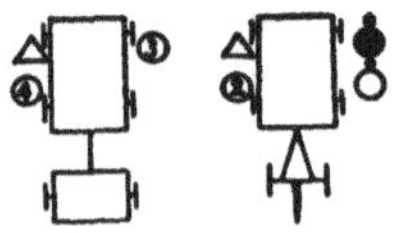

zeug die Handgriffe, stellen den äußeren Fuß auf das Trittbrett, siehe Bild 12 (Schützen 3 und 4 den inneren Fuß), und ziehen sich in das Fahrzeug (der Fahrer ohne das Lenkrad anzufassen, Schützen 3 und 4 unter gleichzeitiger Drehung nach rückwärts und Ergreifen der Handgriffe am Radhalter) und rühren.

Auf Befehl oder Zeichen: „Stillgesessen!" sitzt die Besatzung des Kraftfahrzeuges ungezwungen aufgerichtet in leichter Anlehnung an die Rückenlehnen. Die Besatzung legt die Hände ausgestreckt auf die Oberschenkel. Der

Bild 12.

Schütze 3   Schütze 1 Schütze 4 Geschützführer   Schütze 2   Fahrer

„Aufsitzen!"

siehe Vorschlag zum einheitlichen Aufsitzen .... erfassen Geschützführer, Schützen 3 und 4 mit der inneren Hand den Kolbenhals, die gesamte Bedienung mit der äußeren Hand unter gleichzeitiger Wendung zum Fahrzeug die Handgriffe, stellen den äußeren Fuß auf das Trittbrett ....

Fahrer hat beide Hände fest, ohne sie anzuspannen, am Lenkrad (siehe Bild 13).

Das Stillsitzen wird durch Befehl oder Zeichen: „Rührt euch!" beendet.

Soll beim Aufsitzen der Motor nicht angelassen werden, so wird dies befohlen.

b) Absitzen.

Auf das Kommando oder Zeichen: „Absitzen!" stellt der Fahrer den Motor ab, sofern noch nicht geschehen; die Bedienung sitzt ab, tritt auf ihre Plätze nach Bild 10 bzw. 11 und rührt.

Auch das rasche Absitzen mit voller Ausrüstung ist schwierig. Es hat sich folgendes Verfahren bewährt:

Geschützführer, Schützen 3 und 4 erfassen mit der äußeren Hand den Kolbenhals, die Bedienung mit der inneren Hand die Handgriffe (der Fahrer mit der äußeren Hand, Schützen 3 und 4 den Handgriff am Radhalter), und ziehen sich aus dem Wagen, siehe Bild 14, Schützen 3 und 4, indem sie mit dem äußeren Fuß auf das Trittbrett treten, sich auf diesem nach der Fahrtrichtung drehen und abspringen).

Das Gewehr des Fahrers bleibt am Fahrzeug. Der Fahrer nimmt das Gewehr nur auf besonderen Befehl in die Hand oder wenn in Linie (ohne Fahrzeug) angetreten wird.

Bild 13.

Schütze 3   Schütze 4   Schütze 1   Schütze 2   Geschützführer   Fahrer

„Stillgesessen!"

Bild 14.

Schütze 4   Schütze 3   Schütze 2   Schütze 1   Fahrer   Geschützführer

Siehe Vorschlag zum einheitlichen „Absitzen!"

...... erfassen Geschützführer, die Schützen 3 und 4 mit der äußeren Hand den Kolbenhals, die Bedienung mit der inneren Hand die Handgriffe (der Fahrer mit der äußeren, Schütze 3 und 4 den Handgriff am Radhalter) und ziehen sich aus dem Wagen.

Seitengewehr und Schanzzeug werden erst auf das Kommando oder Zeichen: „In Linie — angetreten!" auf dem Wege zum Antreten in ihre alte Lage gebracht, das Gewehr wird abgenommen.

3. Ab= und Aufprotzen.

a) Abprotzen.

Auf das Ankündigungskommando: „Zum Feuern — nach rechts!" (links, vorwärts, rückwärts) hält der Fahrer sofort an, die Geschützbedienung sitzt ab.

Geschützführer, Schützen 3 und 4 hängen die Gewehre auf den Rücken, die gesamte Bedienung eilt auf ihre Plätze, Front zu den Holmen bzw. zum Fahrzeug, nach Bild 15 bzw. 16.

Bild 15.   Bild 16.

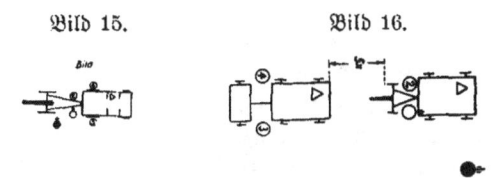

1.) Schütze 1 (oder 2 je nach Bauart des Fahrzeuges) löst den Schlüsselbolzen des Protzhakens.
2.) Schützen 1 und 2 erfassen die Handgriffe am Sporn.
3.) Schützen 3 und 4 öffnen die Munitionsbehälter und erfassen je zwei Patronenkästen. Auf das Ausführungs=Kommando: „Protzt ab!"
   heben Schützen 1 und 2 das Geschütz vom Protzhaken, Schütze 1 (oder 2 je nach Bauart des Fahrzeuges) steckt den Schlüsselbolzen in den Protzhaken und ruft: „Vor!",
   entnehmen Schützen 3 und 4 die Patronenkästen den Munitionsbehältern und schließen diese wieder,
   fährt der Fahrer auf den Zuruf des Schützen 1 „vor" in die vom Geschützführer befohlene Protzenstellung,
   begeben sich die Schützen 3 und 4 auf ihre Plätze nach Bild 1 und setzen die Patronenkästen, die Schützen 1 und 2 das Geschütz ab. Das Geschütz wird ohne besonderen Befehl feuerbereit gemacht.

Soll zum Mannschaftszug abgeprotzt werden, so gibt der Geschützführer das Kommando: „Zum Mannschaftszug — protzt ab!"

1.) Die Bedienung verhält sich wie auf das Kommando: „Zum Feuern" usw.
2.) Die Schützen begeben sich auf ihre Plätze nach Bild 5, nachdem sie das Geschütz und die Patronenkästen abgesetzt haben. Schützen 1 und 2 lösen die Ziehseile und haken die Ziehgurte in diese ein.

b) Aufprotzen.

Aus der Feuerstellung wird das Geschütz auf das Kommando oder Zeichen: „Protzen vor!" fahrbereit gemacht.

Auf das Kommando oder Zeichen: „Protzen vor!" fährt der Fahrer den Protzkraftwagen an das aus der Feuerstellung in Deckung gebrachte Geschütz möglichst nahe und in Abfahrtsrichtung heran. Der Geschützführer zeigt beim

Herannahen des Fahrzeuges in die Abfahrtsrichtung. Auf das Kommando oder Zeichen: „Protz auf!"

erfassen die Schützen 1 und 2 die Handgriffe am Sporn und drehen das Geschütz nach dem Protzhaken des Fahrzeuges,

nehmen Schützen 3 und 4 ihre Plätze nach Bild 15 bzw. 16 ein und öffnen die Munitionsbehälter,

legen Schützen 1 und 2 das Geschütz mit der Protzöse auf den Protzhaken. Schütze 1 (oder 2 je nach Bauart des Fahrzeuges) steckt den Schlüsselbolzen in den Protzhaken und ruft: „Fertig!", schieben Schützen 3 und 4 die Patronenkästen in die Munitionsbehälter und schließen diese,

sitzt die Bedienung auf.

Kampfweise.
Erkunden und Einrichten einer Feuerstellung.

Der Geschützführer hat in dem ihm vom Zugführer zugewiesenen Gelände eine Feuerstellung zu erkunden und einzurichten. Immer hat er anzustreben, daß volle Deckung und Feuerstellung möglichst nahe beieinander liegen, damit das Geschütz 1. vor der Feuereröffnung nicht zu sehen und 2. beim Feuern schwer zu finden ist. Hierzu muß geeignetes Gelände durch Schanzarbeit so hergerichtet werden, daß das Geschütz vom Feinde unbemerkt schnellstens aus der Deckung in die Feuerstellung gerissen werden kann.

Der Begriff „Feuerstellung" schließt also die volle Deckung ein, wenn diese auch einige Meter von dem Platz, aus dem gefeuert wird, entfernt liegt.

Bei Schanzarbeiten muß darauf geachtet werden, daß 1. ausgehobener Boden getarnt wird, 2. daß das Eingraben der Räder (staubfreier Boden vor der Mündung!) ein Herumschwenken der Holme erschwert und 3. daß vorbereitete Spornlager ein genaues Instellungbringen des Geschützes verlangen, da diese sonst mehr hindern als nützen. (Ungleiche Auflage der Holme.)

Eine Feuerstellung in deckungslosem Gelände setzt die Geschützbedienung vorzeitigen und nutzlosen Verlusten aus. Ein Geschütz ist kein M.G. Der Geschützführer hat eine vorwärts oder auch rückwärts gelegene günstigere Stellung zu erkunden und unter Meldung an den Zugführer zu beziehen.

Geschützstände können nur außerhalb der Feindsicht, also meist nur bei Nacht, angelegt werden, aber auch hier ist zu bedenken, daß im Feuerkampf die Geschützbedienung dem feindlichen Feuer deckungslos ausgesetzt ist.

Das Herumlaufen von Bedienungsmannschaften hat zu unterbleiben, denn durch unkriegsmäßige Bewegungen der Schützen wird das bestgetarnte Geschütz vorzeitig erkannt.

Auf Tarnung gegen Luftsicht wird noch immer zu wenig geachtet. Die Schützen müssen dazu erzogen werden, denn immer werden feindliche Flugzeuge versuchen, vor einem Panzerangriff die Stellung der Panzerabwehrwaffen auszumachen. Nur wenige durch Flugzeuge erkannte Panzerabwehrgeschütze aber können wichtige Rückschlüsse auf die Stellung der übrigen Geschütze geben.

Für feindliche Infanteriewaffen, Artillerie und die den Panzerangriff begleitenden Flugzeuge ist es dann leicht, die Masse der Panzerabwehrgeschütze vor und während des Panzerangriffs auszuschalten.

Die Beobachtung.

Jeder Geschützführer ist für die dauernde Beobachtung des Gefechtsfeldes verantwortlich. Sie ist als Grundlage für die Führung des Feuerkampfes so frühzeitig wie möglich einzuleiten und ständig mit allen verfügbaren Mitteln durchzuführen.

Diese Grundsätze der Vorschrift drücken eindeutig aus, daß der Geschützführer bei jedem Einsatz die Art der Beobachtung einzuteilen hat. Vor dem Feuerkampf steht dann die ganze Bedienung zur Verfügung. Er hat dafür zu sorgen, daß sowohl die Beobachtung sichergestellt ist als auch den restlichen Schützen die nötige Ruhe gegönnt wird.

Im Feuerkampf können meist nur der Geschützführer und Schütze 4 die Beobachtung allein durchführen, da die Schützen 2 und 3 bei der raschen Feuerfolge voll und ganz mit Laden und Zureichen der Munition sowie dem Beseitigen der Hülsenteile beschäftigt sind.

Da Panzerkampfwagen immer erkannte Panzerabwehrgeschütze zu umfassen suchen, ist die Beobachtung vor allem nach den Seiten besonders wichtig.

Der Munitionseinsatz.

Der Geschützführer muß jederzeit wissen, über wieviel Munition er verfügt, woher und in welcher Menge er Ergänzung zu erwarten hat. Vor dem Feuerkampf ist so viel Munition bereitzulegen, daß auch bei äußerster Feuergeschwindigkeit die erfolgreiche Durchführung des Kampfauftrages gewährleistet ist.

Dieser Forderung der Vorschrift kann der Geschützführer nur gerecht werden, wenn er bei jedem Einsatz soviel wie möglich Munition dort abwerfen läßt, wo das Geschütz abgeprotzt wird. Wenn auch beim schnellen Instellunggehen nur 4 bis 6 Kästen mitgeführt werden können, so ist das Heranschaffen der übrigen Kästen im Feuerkampf durch Schützen 4 noch möglich, während ein Ergänzen der Munition aus der Protzenstellung fast immer ausgeschlossen ist.

Bei der Ausbildung müssen also immer die nötige Anzahl Patronenkästen (richtiges Gewicht!) außer den Kästen mit Manöverkartuschen da sein, damit die Mitnahme von ausreichender Munition zur Selbstverständlichkeit wird.

Die Bereitstellung.

Die Vorschrift kennt nur noch eine Bereitstellung, in der die Geschütze aufgeprotzt stehen, um in eine der erkundeten Feuerstellungen eingesetzt zu werden.

Die Aufstellung hat so zu erfolgen, daß das Geschütz jederzeit in die vorgesehenen Feuerstellungen einfahren kann.

Die Bereitstellung ist gegen Panzerfahrzeuge, Flieger und ungepanzerte Gegner zu sichern. Beobachtung ist einzuteilen.

Die Sicherung gegen Flieger übernehmen die M.G. des Zuges, auch die Beobachtung und Sicherung gegen Panzerfahrzeuge und ungepanzerte Gegner ist vom Zugführer einzuteilen.

Der Geschützführer hat dafür zu sorgen, daß Verbindung besteht und daß sein Geschütz einsatzbereit ist.

Die M.G.-Trupps.

Die M.G.-Trupps werden in erster Linie als Flugabwehr eingesetzt, da Panzerangriffe meist zusammen mit Flugzeugen durchgeführt werden.

Im Einsatz werden Panzerabwehreinheiten gegen ungepanzerte Gegner durch die vor ihnen liegende eigene Infanterie geschützt.

Der Zug.

Die Entfaltung. Die gebräuchlichste Form der Entfaltung ist die Marschordnung mit erweiterten Abständen. Zum schnellen Überwinden von eingesehenem, offenem Gelände und von unter Artilleriefeuer liegenden Räumen eignen sich breite Formen: „Der Zugkeil".

Die Vorschrift spricht also von 2 gebräuchlichsten Formen der Entfaltung, der Marschordnung mit erweiterten Abständen, die das Ausnutzen von Deckungen, von gutem Fahrgelände und von feuerarmen Räumen sowie das Überwinden von Engen und Übergängen erlaubt, und dem Zugkeil.

Der Zugkeil, der auf das Zeichen „Nächsthöhere Gefechtsbereitschaft" eingenommen wird, eignet sich 1. zum Einfahren in eine erkundete Feuerstellung, damit beim Abprotzen die Protzfahrzeuge sich nicht massieren und der Zug schnellstens feuerbereit ist, und 2. aus denselben Gründen zum sprungweisen Folgen einer schnell vorwärts dringenden Angriffstruppe.

Der Einsatz.

Die Vorschrift sagt: Der Zugführer erkundet nach dem vom Kompanieführer gegebenen Kampfauftrag mit dem Zugtrupp die Einsatzmöglichkeiten.

Hierbei wird am praktischsten folgendermaßen verfahren: Der Zugtrupp (geführt vom Zugführer oder Zugtruppführer) wird nach Möglichkeit jede Geschützstellung des Zuges zu erkunden und zu bezeichnen suchen. Reicht die Zeit nicht aus oder sind mehrere Feuerstellungen zu erkunden, muß ein kurzer Blick ins Gelände genügen (Fernglas). In die Mitte der so erkundeten Zugstellung wird ein Strohwisch gesteckt. Auf ihn hält der Zugführer zu, wenn er seinen Zug entfaltet in Stellung führt.

Die Vorschrift gibt Anhaltspunkte für Breite und Tiefe der Aufstellung und sagt, daß eine Mittellinie die Festlegung der Stellungen und Zielabschnitte der Halbzüge erleichtert.

Die Mittellinie läßt sich schon bei der Erkundung durch Strohwisch (siehe oben) festlegen und gibt das Rückgrat für die Aufstellung des Zuges. Besonders bei Zeitmangel ist die leicht erkennbare Mittellinie von großem Vorteil.

Ein nach der Tiefe gegliederter Zug ist für den angreifenden Panzer schwerer zu bekämpfen, für die Abwehr also günstiger, ein gegenseitiges Unterstützen der Geschütze leichter.

IV. Anregungen für die Gefechtsausbildung innerhalb der Panzerabwehrabteilung, erläutert an Beispielen.

A. Allgemeine Grundsätze für den Einsatz von Panzerabwehrgeschützen.

Der Einsatz eines einzelnen Panzerabwehrgeschützes ist auf Ausnahmen beschränkt. Er kann nötig sein bei Sperrung von Abschnitten auf breiter

Front, auf dem Marsche, bei Eingliederung in die Marschkolonne und bei Ortssicherungen (gegen feindliche Panzerspähwagen).

Besser ist aber immer, wenn möglich, der Einsatz eines Halbzuges.

Falsch ist auf dem Gefechtsfelde der Einsatz des einzelnen Panzerabwehrgeschützes. Es wird unweigerlich das Opfer angreifender Panzerkampfwagen.

Richtig ist daher in der Regel der Einsatz eines Panzerabwehrzuges.

B. Der Zug.
1.) Allgemeines.

Die Ausbildung des Panzerabwehrzuges für das Gefecht ist mit besonderer Sorgfalt zu betreiben. Der schnelle Einsatz der Panzerabwehr verbietet, daß für den Einsatz längere Befehle gegeben werden. Der Zug muß also so eingespielt sein, daß er auf Zeichen sofort die Feuerstellung beziehen kann. Hierzu gehört, daß jeder Uffz. und Mann die ihm zufallende Tätigkeit im Gefecht genau kennt, der Aufmarsch der Geschütze grundsätzlich festliegt und die Führer an ihren Platz gebunden sind. Eine Schematisierung ist hier also erforderlich.

Es empfiehlt sich, den Zug durch kleine Aufgaben im wechselnden Gelände auf seine Zusammenarbeit zu überprüfen und durch Veränderung der Lage und damit verbundenen neuen Aufträgen zu größter Schnelligkeit zu erziehen.

Aufträge werden von den Zugführern wiederholt. Der Auftraggeber überzeugt sich dabei, ob der Auftrag richtig verstanden ist.

Zur Befehlsausgabe an den Zug versammelt der Zugführer alle Leute des Zuges. Der Zug als solcher ist eine so kleine Formation, daß das Versammeln aller Leute des Zuges zur Befehlsausgabe kein Zeitverlust bedeutet. Wichtig ist, daß alle Leute des Zuges den Auftrag kennen, nur so werden sie im Rahmen des gegebenen Auftrages richtig handeln können. Falsch wäre es also, wenn der Zugführer seinen Befehl nur an die Geschütz- und l.M.G.-Truppführer gibt, da dann die Leute des Zuges meist nicht richtig ins Bild gesetzt werden. Meist hat dann auch der Geschützführer nicht die Zeit, seine Leute richtig zu unterweisen.

2.) Aufgaben, die für den Panzerabwehrzug gestellt werden können.

a) Marsch.
b) Marsch mit Sicherung.
c) Rast des Zuges.
d) Erkunden einer Bereitstellung und Bezug derselben.
e) Erkunden einer Feuerstellung und Bezug derselben.
f) Herausziehen aus der Feuerstellung und Sammeln zu anderer Verwendung.
g) Beziehen einer Feuerstellung gegen überraschend auftretende Kampfwagen.
h) Ortssicherung gegen Panzerspähwagen.
i) Sperrung eines Abschnittes.

Die praktische Ausführung einiger Aufgaben ist in folgendem besprochen. Da es sich hierbei um schulmäßige Gefechtsausbildung handelt, können Aufträge in einfachster Form gegeben werden, ohne besondere Lagen. Es kommt hier nicht darauf an, taktische Entschlüsse zu fassen, sondern die Zusammenarbeit des Zuges in den verschiedenen Gefechtsausschnitten zu üben.

Hierzu die folgende Kartenskizze.

Bild 1.

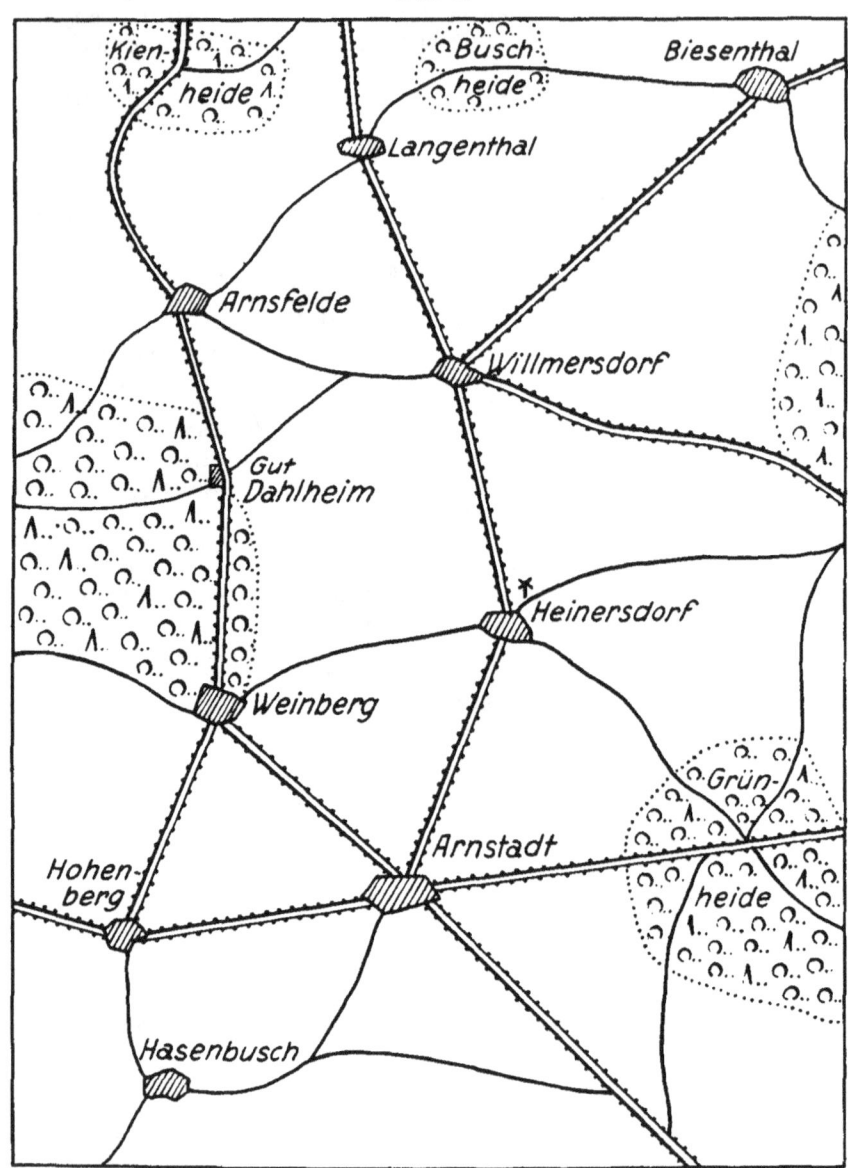

Maßstab 1 : 100 000.

3.) Marsch.

Macht der Zug einen **Marsch**, so marschiert er in Marschordnung in der Reihenfolge: Zugführerwagen, Solokrad, Beiwagenkrad, l.M.G.-Krad, Beiwagenkrad zum l.M.G., 1. bis 4. Geschütz, l.M.G.-Fahrzeug. Der Zugtruppführer (Beobachtungsunteroffizier) sitzt beim Marsch im Pkw. des Zugführers. Beim Eintritt in das Gefecht ist sein Platz auf dem Beiwagenkrad. Die Abstände auf dem Marsche richten sich nach der Geschwindigkeit. Die Fahrer nehmen selbständig etwa so viel Meter Abstand, wie die Geschwindigkeit in Kilometern in der Stunde beträgt.

Praktische Ausführung (Beispiel).

Auftrag: „Marschieren Sie mit Ihrem Zuge über Heinersdorf, Willmersdorf, Langenthal, Feldweg nach der Buschheide, nach Biesenthal und halten Sie friedensmäßig am Westausgang Biesenthal."

Ausführung: Der Zugführer wiederholt den Auftrag und begibt sich zu seinem Zuge.

Befehle:

a) „Alles zu mir."
b) „Der Zug marschiert von hier über Heinersdorf, Willmersdorf, Langenthal, Feldweg nach der Buschheide nach Biesenthal und hält friedensmäßig am Eingang Biesenthal. Marschgeschwindigkeit 30 km. — Uffz. X, wiederholen Sie den Auftrag."
c) „An die Fahrzeuge!"
d) „Aufsitzen!"
e) Zeichen: Marsch! — (Arm mehrmals hochstoßen.)

Kurz vor Erreichen des Ortes Biesenthal gibt der Zugführer folgende Zeichen und Befehle:

f) Zeichen: Langsamer fahren!
g) Zeichen: Rechts heran! — (Arm mehrmals in Schulterhöhe nach der Seite stoßen.)
h) Zeichen: Absitzen! — (Hochgehobener Arm scharf nach unten stoßen.)
i) Befehl: Nach rechts wegtreten!

Bemerkung: Die Marschgeschwindigkeit muß vom Zugführer befohlen werden. Diese ist vom 1. Geschützfahrzeug unbedingt einzuhalten, auch wenn der Zugführer zur Orientierung kurze Strecken schneller vorausfährt.

4.) Marsch mit Sicherung.

Beim **Marsch mit Sicherung**, wenn mit dem Auftreten feindlicher Panzerspähwagen zu rechnen ist, sichert sich der Zug durch Vorschicken einer Spitze, deren Gliederung sich nach Lage und Gelände richtet. Sie wird meist aus dem Krad-M.G.-Trupp, dem Zugtruppführer auf Krad und mindestens einem Geschütz bestehen. Folgende Reihenfolge ist zweckmäßig: l.M.G.-Krad mit geladenem und schußbereitem l.M.G., Beiwagenkrad mit Beobachtungsunteroffizier, 1. Geschützfahrzeug; Zugführerwagen, Kradmelder, Beiwagenkrad zum l.M.G., 2. bis 3. Geschützfahrzeug, l.M.G.-Fahrzeug, 4. Geschützfahrzeug. Der l.M.G.-Führer und der Zugtruppführer sind mit Panzerwarn-

flaggen und Leuchtpistolen auszustatten, mit denen sie bei Annäherung feind=
licher Panzerspähwagen Zeichen nach rückwärts geben können. Sie selbst
machen mit ihren Krädern möglichst schnell die Straße frei. Das 1. Geschütz
protzt ab und nimmt das Feuer gegen den Panzerspähwagen auf. Der Zug
hält.

Der Abstand der Krafträder mit den Vorwarnern richtet sich nach der
Übersicht der Straße. Zwischen den einzelnen Fahrzeugen muß Sichtverbin=
dung gehalten werden. Bei unübersichtlichen Straßen muß die Marsch=
geschwindigkeit verringert werden, ein Auffahren der Fahrzeuge nach vorn
muß unter allen Umständen vermieden werden. Oft wird sprungweises Vor=
gehen notwendig sein.

Bild 2.

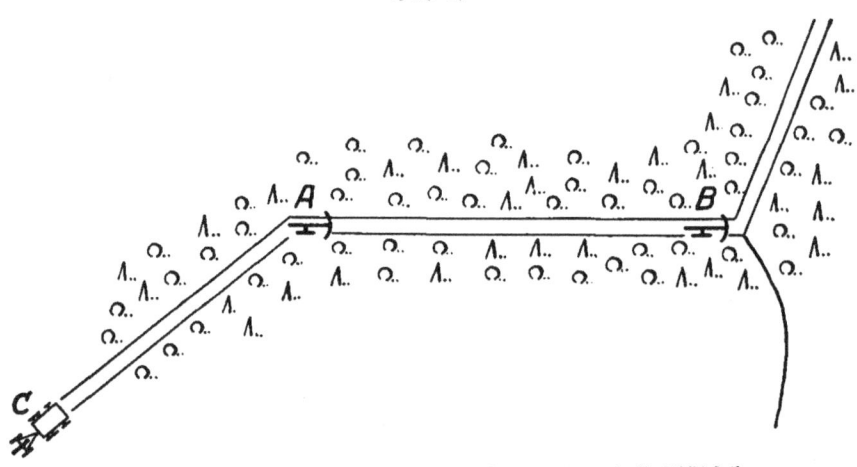

A = Zugtruppführer B = l.M.G.Krad C = 1. Geschützfahrzeug

Beispiel: Die Übersicht über die Straße ist durch Wald behindert. Der
Beobachtungsunteroffizier muß bei A warten, bis das l.M.G.=Krad bei B
verschwunden ist. Das 1. Geschützfahrzeug fährt bis A heran und verhält dort
so lange, bis das l.M.G.=Krad seinerseits wiederum bei B verschwunden ist.

Praktische Ausführung (Beispiel).

Auftrag: Marschieren Sie mit Ihrem Zuge über Weinberg, Gut Dahl=
heim, Arnsfelde nach der Kienheide, wo Sie weitere Befehle erhalten. Mit
Auftreten feindlicher Panzerspähwagen während des Marsches muß gerechnet
werden.

Ausführung:

Befehl an den Zug:

„Der Zug marschiert von hier über Weinberg, Gut Dahlheim, Arns=
felde nach der Kienheide. Mit dem Auftreten feindlicher Panzerspähwagen
während des Marsches ist zu rechnen."

Marschfolge: M.G.=Krad und Zugtruppführer auf Sichtweite zur Sicherung
voraus. 1. Geschütz, Zugführer mit Kradmelder, M.G.=Begleitkrad; 2. Geschütz,
3. Geschütz, l.M.G.=Fahrzeug, 4. Geschütz.

Es beobachten:

Geschützführer 2. Geschütz rechts,
Geschützführer 3. Geschütz links der Marschstraße,
Geschützführer 4. Geschütz nach rückwärts.

Bei Erscheinen feindlicher Panzerspähwagen haben Geschützführer selbständig abzuprotzen und das Feuer aufzunehmen.

Marschgeschwindigkeit 25 km.

Nach Erreichen der Kienheide sichert 1. Geschütz Straße nach Alsberg, 2. Geschütz Feldweg nach Nordosten, 4. Geschütz Straße nach Arnsfelde."

Befehle und Zeichen für Abmarsch sind die gleichen wie beim Marsch ohne Sicherung.

Bild 3.

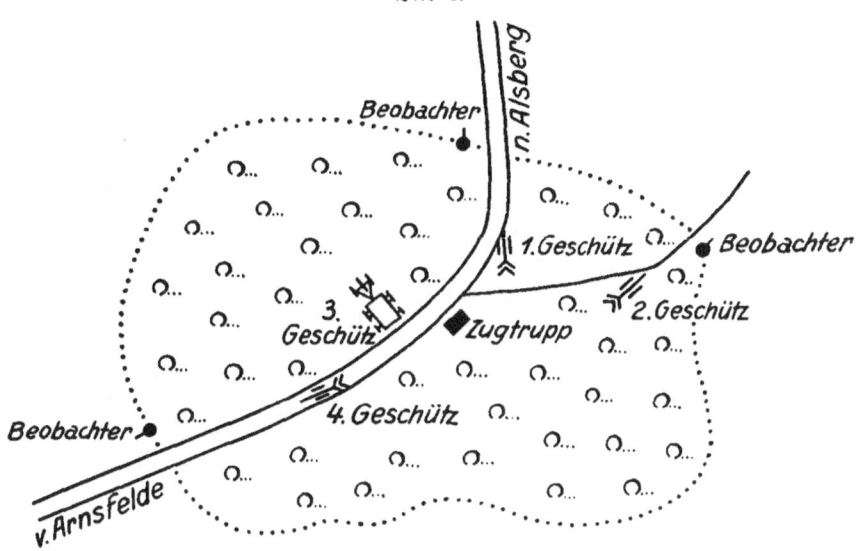

Aufstellung der Geschütze in der Kienheide siehe Bild 3.

5.) Halten und Rasten des Zuges.

Beim Halten und Rasten übernimmt die Spitze in erster Linie die Sicherung in der Vormarschrichtung.

Die übrigen Geschütze des Zuges können zur Unterstützung der Spitze und zur Übernahme des Schutzes nach den Seiten eingesetzt werden.

Die Fahrzeuge sind so in Deckung aufzustellen, daß sie ohne Zeitverlust wieder anfahren können. Die Fahrer halten Sichtverbindung zu den Geschützen.

Züge innerhalb der Marschkolonne, die keine Kampfaufträge haben, fahren beim Halten scharf an die befohlene Straßenseite heran oder werden auf einem in der Nähe liegenden Abzweigweg so aufgestellt, daß die Marschstraße frei ist und sie jederzeit wieder anfahren können. Jede Deckung gegen Erd- und Luftbeobachtung ist auszunutzen.

Für Rasten sind geeignete Räume seitlich der Straße zu erkunden, die möglichst gegen Panzerfahrzeuge sicher sind und Deckung gegen Sicht, insbesondere aus der Luft, bieten.

Bietet sich bei kurzem Rasten keine Deckung entlang der Vormarschstraße, so bleiben die Fahrzeuge auf der Straße und suchen auf dieser Deckung im Schatten der Bäume auf.

6.) Erkunden einer Bereitstellung und Bezug derselben.

Ist ein Panzerangriff aus verschiedenen Richtungen zu erwarten, so stellt sich der Zug aufgeprotzt bereit. Der Platz richtet sich nach Lage der vorher erkundeten Feuerstellungen und ist im Anschluß daran zu erkunden.

Ein Zusammenballen von Fahrzeugen ist zu vermeiden. Der Zug ist gegen Erd= und Luftbeobachtung zu tarnen.

Feuerstellungen sind in unmittelbarer Nähe der Bereitstellung gegen überraschend auftretenden Panzerangriff zu erkunden.

Da aus der Bereitstellung jederzeit der Bezug der Feuerstellungen erfolgen kann, müssen die Geschützführer stets Verbindung mit dem Zugführer haben. Das Herstellen der Verbindung ist Aufgabe des Schützen 4.

Zum Schutz der Bereitstellung gegen feindliche Flieger ist das auf dem Protzkw. verladene M.G. aufzustellen. Hierzu das auf Krad verlastete M.G. zu nehmen, ist nicht zweckmäßig, da dieses beim Bezug der Feuerstellung die Sicherung des Zuges übernehmen und somit jederzeit fahrbereit sein muß. Der Zug darf auf keinen Fall durch das Einholen des zum Fliegerschutz aufgestellten M.G. in seiner Marschbereitschaft aufgehalten werden. Gegebenenfalls kommt das M.G.=Fahrzeug nach.

Das Beziehen der Bereitstellung hat, wenn die Lage es zuläßt, möglichst bei Dunkelheit zu erfolgen. Andernfalls ist darauf zu achten, daß die Annäherung in die Bereitstellung gedeckt erfolgt. Kleine Umwege müssen dabei in Kauf genommen werden.

Praktische Ausführung (Beispiel).

Auftrag: Erkunden Sie für Ihren Zug eine Bereitstellung in der Grünheide mit Abmarschmöglichkeit nach Norden und beziehen Sie die Bereitstellung mit Ihrem Zuge.

Ausführung.

Befehle an den Zug:

„Der Zug soll eine Bereitstellung in der Grünheide beziehen mit Abmarschmöglichkeit nach Norden.

Ich fahre zur Erkundung der Bereitstellung mit dem Erkundungstrupp voraus.

(Zweckmäßige Zusammensetzung des Erkundungstrupps: Beiwagenkrad mit Zugführer, Fahrer, Melder; M.G.=Krad mit Gewehrführer, Fahrer, Schützen 1.)

Bemerkung: Der Einzelkradmelder begleitet den Zugführer grundsätzlich, solange der Zugführer ein Fahrzeug benutzt.

Der Zugtruppführer übernimmt den Befehl über den Zug."

Der Zugführer erkundet die Bereitstellung in der Grünheide. Er zeigt allen Begleitern den Platz für den Zugtrupp, alsdann dem 1.M.G.=Trupp=

führer den Platz des 2. Geschützes, dem Fahrer des Beiwagenkrads den Platz des 3. Geschützes und dem Melder den Platz des 4. Geschützes und des l.M.G.-Fahrzeuges. Er selbst weist das 1. Geschütz ein.

Befehl an den Kradmelder:

"Sie fahren zurück zum Zuge und führen den Zug hierher zur Grünheide bis an die Wegegabel dort."

Kradfahrer wiederholt den Auftrag und führt ihn aus.

Befehl an die Begleiter des Zugführers.

"Sie warten dort an der Wegegabel und weisen die Geschütze beim Eintreffen in ihre Plätze ein."

Nach Eintreffen des Zuges werden die Geschütze in ihre Plätze eingewiesen und nehmen Verbindung mit dem Zugführer durch Schützen 4 auf.

7.) Erkunden einer Feuerstellung und Bezug derselben.

Ist genügend Zeit vorhanden, so ist die Stellung vor dem Einsatz zu erkunden. Die Erkundung der Stellung erfolgt meist aus der Rast und wird von dem Zugführer selbst ausgeführt. Die Führung des Zuges übernimmt während der Abwesenheit des Zugführers der Zugtruppführer. Dieser muß daher stets über die Lage unterrichtet sein. Grundsatz muß sein, daß der Zug jederzeit einsatzbereit bleibt. Zur Durchführung der Erkundung benutzt der Zugführer das Kraftrad mit Beiwagen. Ist nach der Lage vorerst nicht mit dem Erscheinen von feindlichen Panzerkampfwagen zu rechnen, so kann der Zugführer die Pak.- und l.M.G.-Führer zur Stellungserkundung mitnehmen. Es ist hierbei jedoch immer zu bedenken, daß größere Erkundungstrupps leicht die Aufmerksamkeit des Feindes auf sich ziehen und die Erkundung dadurch verraten wird. Im allgemeinen soll bei der Erkundung der Grundsatz gelten: "Mit wie wenig komme ich aus?"

Sie muß gedeckt gegen Feindbeobachtung schnell erfolgen.

Die beste Erkundung ist wertlos, wenn das Ergebnis zu spät eintrifft.

Die erkundeten Geschützstellungen sind, wenn Zeit vorhanden ist, zu kennzeichnen.

Ist die Feuerstellung erkundet, erfolgt die Erkundung der Anmarschwege. Diese müssen so ausgesucht werden, daß der Zug, möglichst gedeckt gegen Sicht des Feindes, die Feuerstellung erreichen kann. Die Protzenstellung ist so zu wählen, daß sie nicht im voraussichtlichen Angriffsstreifen der Panzerkampfwagen liegt. Ortschaften, Wälder, Mulden pp. sind zweckmäßig hierfür auszunutzen.

Soll der Zug vorher eine Bereitstellung beziehen, so ist diese ebenfalls zu erkunden. Die Auswahl der Bereitstellung ist abhängig von den Feuerstellungen und kann somit erst nach diesen erkundet werden. Der Platz der Bereitstellung ist so zu wählen, daß die Feuerstellungen rechtzeitig erreicht werden können. Hierbei ist die voraussichtlich verfügbare Zeit von der Warnung bis zum Erscheinen der feindlichen Panzerkampfwagen etwa 1000 m vor den erkundeten Feuerstellungen zu errechnen und mit dem Zeitbedarf für das Vorfahren in Stellung unter Berücksichtigung der Wegeverhältnisse in Einklang zu bringen.

Für das Beziehen der Feuerstellung gelten die gleichen Gesichtspunkte wie beim Beziehen der Bereitstellung. Die Fahrzeuge fahren so weit in die Feuerstellung vor, daß das Abprotzen der Geschütze noch in Deckung erfolgen kann. Die Geschütze sind dann im Mannschaftszug in Stellung zu bringen.

Wenn die Lage es fordert und das Gelände es zuläßt, geht der Zug entfaltet, im Zugkeil, vor. Hierbei übernehmen das l.M.G.-Krad und der Zugtruppführer im Beiwagenkrad die Sicherung des Zuges. Sie sind mit Panzerwarnflaggen auszurüsten, mit denen sie beim Erscheinen feindlicher Panzerwagen Warnzeichen nach hinten geben: Das l.M.G.-Krad schwenkt sofort rechts herum und begibt sich rechts neben das 2. Geschütz. Der Zugtruppführer schwenkt nach links herum und begibt sich zum 3. Geschütz. Das Ausschwenken dieser Vorwarner muß schnell geschehen, um das Schußfeld für die Geschütze frei zu machen.

Der Zugführer ist den Vorwarnern in Sichtweite gefolgt. Er gibt nun das Zeichen „Feuerstellung". Hierauf fahren 1. und 3. Geschütz bis in die Höhe des Zugführers, 2. und 4. Geschütz rechts und links rückwärts gestaffelt in Feuerstellung. Der Zugführer begibt sich zu einem der vorderen Geschütze. Die Feuereröffnung geschieht auf Befehl (Zeichen) des Zugführers.

Die l.M.G. gehen auf den Flügeln des Zuges derart in Stellung, daß sie flankierend vor den Halbzügen wirken können. Schütze 2 legt das Dreibein zum Fliegerbeschuß fertiggemacht dicht neben die M.G.-Stellung, so daß das M.G. auch für Fliegerbeschuß jederzeit verwendet werden kann.

Kommt der Kampfwagenangriff so überraschend, daß das Vorfahren des Zuges bis in Höhe des Zugführers nicht mehr angebracht ist, so gibt der Zugführer das Zeichen mit der Warnflagge: „Achtung! — Panzerkampfwagen!"

Die Geschütze halten dann an Ort und Stelle, wo sie sich befinden, und gehen sofort in Feuerstellung. Der Zugführer macht die Front frei.

Das Feuer für die Geschütze ist frei. Eines besonderen Befehls des Zugführers zur Feuereröffnung bedarf es in diesem Falle nicht.

Praktische Ausführung (Beispiel).

Auftrag: Erkunden Sie für Ihren Zug eine Feuerstellung zur Bekämpfung feindlicher Kampfwagen beim Überschreiten der Linie Hohenberg—Hasenbusch. Feindliche Kampfwagen sind aus westlicher Richtung in einer Stunde zu erwarten.

Befehle an den Zug:

„Der Zug bezieht eine Feuerstellung, um feindliche Kampfwagen aus westlicher Richtung beim Überschreiten der Linie Dorf Hohenberg—Hasenbusch niederzukämpfen."

„Ich fahre zur Erkundung der Stellung mit dem Erkundungstrupp voraus."

„Zugtruppführer übernimmt Befehl über den Zug."

Der Zugführer fährt mit dem Erkundungstrupp zur Erkundung vor. Er benutzt hierbei das Beiwagenkrad des Zugtrupps, da dies weniger im Gelände auffällt als der Zugführerpkw. Bei der Fahrt zur Stellung erkundet er gleich einen gedeckten Anmarschweg.

Nach Erreichen der Stellung erkundet er die Feuerstellung der einzelnen Geschütze, legt den Zielabschnitt fest und weist seine Begleiter in die einzelnen Geschützstellungen und Zielabschnitte ein und gibt die Mittellinie an.

Bild 4.

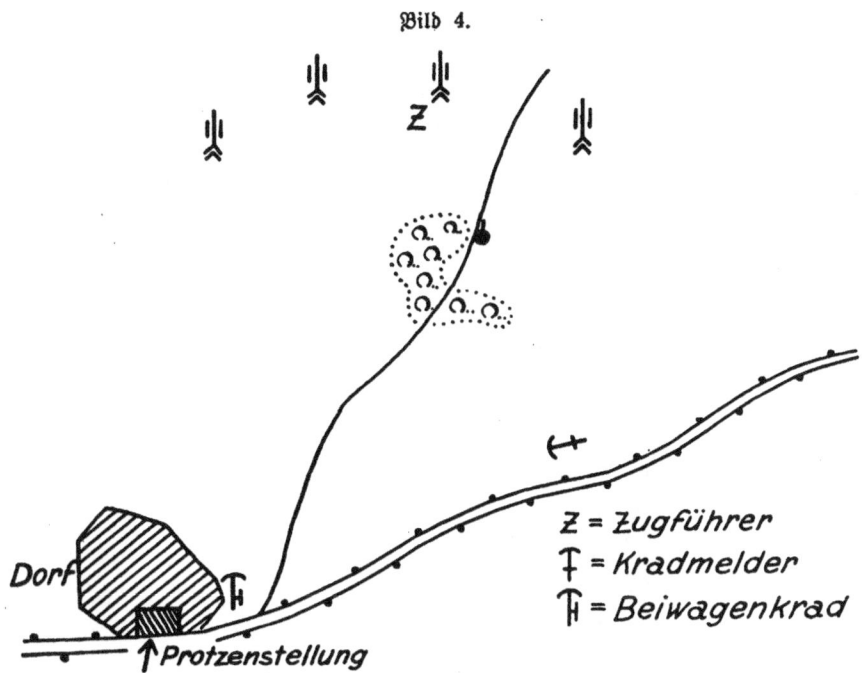

Z = Zugführer
T = Kradmelder
ℍ = Beiwagenkrad

Bild 5.

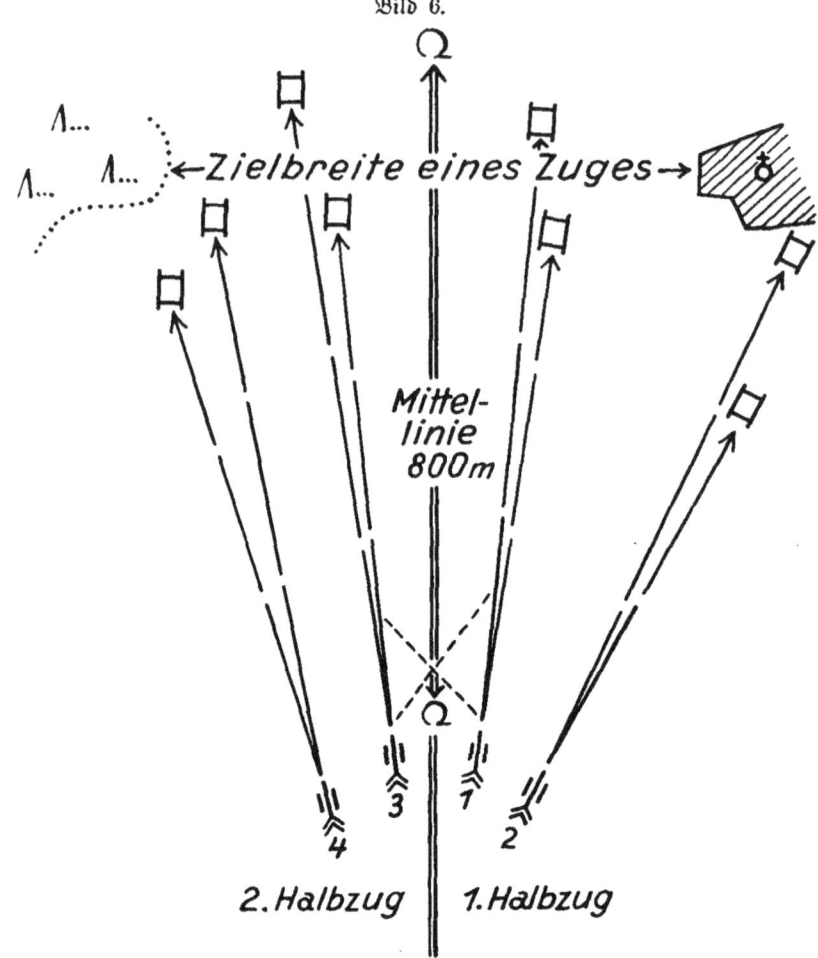

Bild 6.

Zielbreite eines Zuges

Mittellinie 800m

2. Halbzug | 1. Halbzug

Durch den Krabmelder läßt er dann den Zug so weit wie er gedeckt ist heranführen, wo er ihn mit seinen Begleitern erwartet. Hier zeigt er dem Protzenführer die Protzenstellung und die Anfahrt dorthin. Dann führt er das 1. Geschütz, M.G.-Truppführer das 2. Geschütz, Fahrer des Beiwagentrabs das 3. und Melder das 4. Geschütz in Stellung.

Hat der Zugführer noch Zeit, überprüft er nochmals die Geschützstellungen und stellt fest, ob der Zielabschnitt von allen Geschützführern richtig erfaßt ist.

8.) Die Protzenstellung.

Der Fahrer des Zugführerwagens ist der Protzenführer. Er führt die Fahrzeuge von dem Platz des Abprotzens in die vom Zugführer befohlene Protzenstellung. Dort bestimmt er im einzelnen Aufstellung und Sicherung.

Er ist verantwortlich für die Verbindung von der Protzenstellung zur Feuerstellung.

Die Protzenstellung wird besonders im freien und offenen Gelände weit von der Feuerstellung abgesetzt sein. Trotzdem muß die Verbindung des Zuges mit der Protzenstellung gesichert sein. Diese Verbindung muß ohne besonderen Befehl automatisch hergestellt werden. Sie geht vom Zugführer über den Melder, den Kradmelder und Fahrer des Beiwagenkrades zum Führer der Protzenstellung.

Bei kürzeren Entfernungen kann der Fahrer des Beiwagenkrades eingespart werden.

Bild 7.

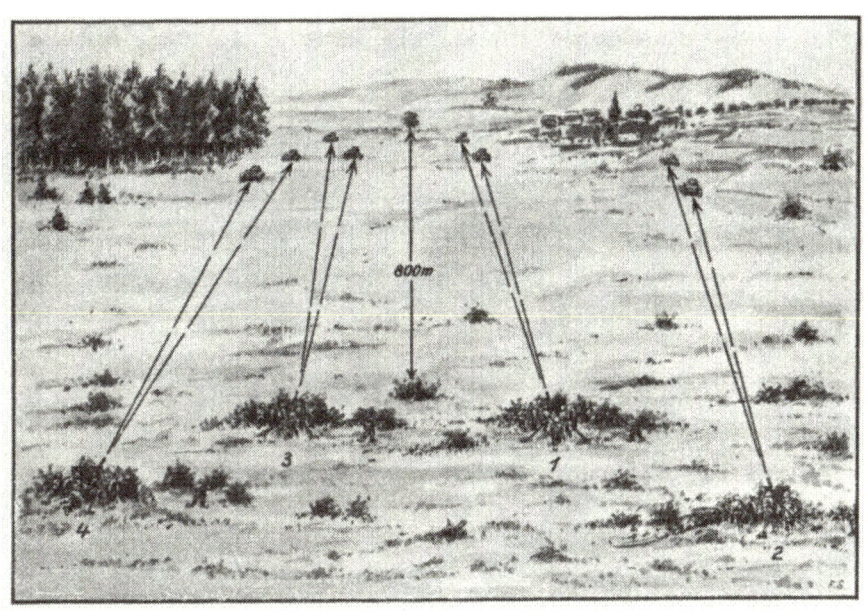

9.) Der Zug in Feuerstellung.

Ist der Zug in fester Feuerstellung, das heißt ist er bereits eingesetzt, ehe ein feindlicher Kampfwagenangriff erfolgt, ist die Aufstellung der Geschütze und M.G. vom Zugführer eingehend zu überprüfen. Der Zugführer legt den Zielabschnitt für den Zug fest und zweckmäßig eine Mittellinie des Zielabschnittes.

Der erste Halbzug bekämpft die Kampfwagen rechts der Mittellinie und der zweite Halbzug die Kampfwagen links der Mittellinie. Geschütz 1 und 3 müssen sich in ihren Zielabschnitten überschneiden.

C. Allgemeines über die Kompanie.

Wenn die Züge beweglich ausgebildet und gut eingespielt sind, ist die Gefechtsausbildung im Kompanieverbande leicht durchführbar.

Bei der Kompanieausbildung kommt es darauf an, daß Melder und Nachrichtenmittel der Kompanie gut arbeiten und daß kurze, aber klare Befehle schnell aufgefaßt und in die Tat umgesetzt werden. Die gut ausgebildete Kompanie muß schnell beweglich und fest in der Hand des Führers sein.

Richtige Wahl des Bereitstellungsraumes der Kompanie und Erkundung der Feuerstellung in allen ihren Einzelheiten ist Sache des Kompanieführers bzw. des von ihm Beauftragten.

Nach Einweisung der Zugführer in die Feuerstellung sorgt der Kompanieführer für die Erkundung der Panzerwarnstelle der Kompanie und alsdann mit den Zugführern für die Erkundung und Festlegung der Anmarschwege der Züge. Alles dies hat in kurzer Zeit zu geschehen (für die Feuerstellung nicht länger als eine halbe Stunde).

Geländebesprechungen und praktische Übungen sollen den Blick für das Gelände schulen.

D. Allgemeines über Aufgaben für die Panzerabwehrkompanie.

Für die schulmäßige Gefechtsausbildung der Kompanie können die Aufgaben in gleicher Form gestellt werden wie für den Zug.

Für die Kompaniebesichtigung ist zweckmäßig eine Lage für die Abteilung zu stellen und der Ausschnitt für eine Kompanie übungsmäßig durchzuführen.

Hierbei kann geübt werden:

a) Marsch der Kompanie in einen Rastraum,
b) Beziehen des Rastraumes,
c) Erkundung der Feuerstellung und Bereitstellung,
d) Während der Erkundung Heranziehen des Gefechtstrosses und Ausgabe von Munition und Betriebsstoff,
e) Beziehen der Bereitstellung,
f) Beziehen der Feuerstellung aus der Bereitstellung,
g) Herausziehen der Kompanie aus der Feuerstellung nach abgeschlagenem Panzerangriff und Sammeln in der Bereitstellung.

E. Allgemeines über die Panzerabwehrabteilung.

Aufgabe der Panzerabwehrabteilung ist es, den Stoß meist überraschend und in großer Zahl eingesetzter feindlicher Panzerkampfwagen aufzufangen und die feindlichen Panzerkampfwagen niederzukämpfen.

Einsatz hat also dort zu erfolgen, wo der Hauptstoß der feindlichen Panzerkampfwagen zu erwarten ist oder erfolgt.

Für den Einsatz der Abteilung sind daher eine Reihe von Überlegungen anzustellen, die darin gipfeln: Wie muß der Einsatz der Abteilung erfolgen, wo müssen die Feuerstellungen liegen, wo müssen die Panzerwarnstellen eingerichtet werden, welche Verbindungen sind erforderlich?

Von der Bereitstellung an ist der Platz des Abteilungskommandeurs dort, wo er seine Abteilung am besten führen kann.

Der Gefechtstroß erhält seine Weisungen von der Abteilung und hat mit ihr stets Verbindung zu halten.

F. Der Dienst im Stabe einer Panzerabwehrabteilung.
(Nur als Anhalt, nicht als Muster gegeben.)

1.) Verteilung der Aufgaben im Stabe.

a) Adjutant.

Gehilfe des Abteilungsführers. Er fertigt nach dessen Weisungen Befehle und Meldungen aus und unterrichtet die beim Stabe befindlichen Offiziere, Uffz. und Mannschaften und die unterstellten Dienststellen über die Lage.

Er führt die Lagenkarte und das Kriegstagebuch.

Er gibt die Weisungen für den Verbleib der Trosse nach Anordnung des Abt.Kommandeurs.

Er bearbeitet: Stärkenachweisungen,
Verlustlisten,
Offizier- und Mannschaftsersatz,
Verleihung von Kriegsauszeichnungen.

b) Ordonnanzoffizier.

Er richtet den Gefechtsstand des Stabes ein.

Er sammelt die Erkundungsergebnisse, wertet sie aus und sorgt für Anfertigung der Stellungsskizzen.

Er bearbeitet: Munitionsersatz und Waffenpflege,
Ersatz von Waffen und Gerät,
Gasschutz und Ersatz des Gasschutzgerätes,
Betriebsstoffergänzung,
Gerichtssachen.

c) Beobachtungsoffizier

wird fallweise aus der Truppe kommandiert.

Er hat die Hauptbeobachtung der Abteilung zu besetzen.

Zu seiner Unterstützung tritt der Beobachtungsunteroffizier des Stabes.

d) Führer des Nachrichtenzuges.

Der Nachrichtenoffizier ist der nachrichtentechnische Berater des Abteilungskommandeurs.

Er schlägt dem Kommandeur den Einsatz der Nachrichtenmittel der Abteilung vor und ist für schnelle und wendige Nachrichtenverbindung und -übermittelung verantwortlich.

Er stellt die Rufzeichen- und Frequenzverteilung und die Decknamenliste für die gesamte Abteilung auf.

Hierzu ist erforderlich, daß der Nachrichtenoffizier rechtzeitig über den beabsichtigten Einsatz der Abteilung unterrichtet und laufend über die Lage orientiert wird. (Besonders wenn Änderung des Einsatzes oder Verlegen des Gefechtsstandes bevorsteht.)

Der Nachrichtenoffizier muß dauernd am Kommandeur „kleben".

Er unterstützt den Ordonnanzoffizier bei der Einrichtung des Abteilungs-Gefechtsstandes.

Weiterhin bearbeitet der Nachrichtenoffizier den Ersatz und Nachschub an Nachrichtengerät.

e) Führer des Gefechtstrosses der Abteilung.

Er hat nach den Weisungen des Abteilungs-Kommandeurs den Gefechtstroß geschlossen nachzuführen. Auf dem Marsche und beim Halt ist er für Sicherung und Tarnung des Gefechtstrosses verantwortlich. Er sorgt dafür, daß die Feldküchen mit Wasser versorgt werden und die Zubereitung der Verpflegung rechtzeitig und sachgemäß erfolgt. Er unterweist die Troßführer der Kompanien über die Anmarschwege zu den Kompanien, wenn die Trosse herangezogen werden, und bestimmt den Sammelplatz nach Abfertigung der Trosse bei der Truppe.

f) Abteilungsarzt.

Er regelt die ärztliche Versorgung der Abteilung. Hierzu unterrichtet er sich bei dem höheren Sanitätsdienstgrad über die Lage der Verbandsplätze, des Wagenhalteplatzes, des Hauptverbandsplatzes und des Feldlazaretts. Beim Einsatz der Abteilung richtet er einen Truppenverbandsplatz in der Nähe des Abteilungsstabes ein und sorgt für Bekanntgabe des Truppenverbandsplatzes an die Kompanien. Er sorgt für den Abtransport der Verwundeten durch „Zubringerfahrzeuge", wie Krad mit Beiwagen und Sanitätsanhänger, und Abschub über bzw. durch Wagenhalteplatz.

g) Abteilungsschreiber.

Auf dem Marsche und während des Gefechts führt er den Gefechtstroß.

In der Unterkunft leitet er den Geschäftszimmerdienst des Abteilungsstabes. Er sorgt dafür, daß alle Eingänge mit der Eingangszeit versehen und dem Adjutanten vorgelegt werden. Er sammelt die bearbeiteten Eingänge und sorgt für richtige und rechtzeitige Abfertigung der Ausgänge.

h) Scherenfernrohrunteroffizier.

Er sorgt für rechtzeitige Aufstellung des Scherenfernrohres auf der Abteilungsbeobachtungsstelle und überwacht abwechselnd mit dem Beobachtungsoffizier das Feindgelände. Jede Veränderung beim Feinde, besonders starke Staubentwicklung oder das Erscheinen feindlicher Panzerwagen meldet er sofort dem Beobachtungsoffizier. Er sorgt dafür, daß die Verbindung der Beobachtungsstelle mit dem Abteilungsgefechtsstand stets in Ordnung ist.

i) Feldwebel des Nachrichtenzuges.

Der Zugfeldwebel ist der Vertreter des Nachrichtenoffiziers. Er führt in seiner Abwesenheit den Zug und regelt den inneren Dienst.

Bei eingesetztem Nachrichtenzug ist sein Platz in unmittelbarer Nähe des Abteilungsgefechtsstandes. Er überwacht den Nachrichtendienst auf dem Abteilungsgefechtsstand und ist für taktisch und technisch richtige Auswahl der Aufbauplätze der Funk- und Fernsprechstellen verantwortlich.

Er unterstützt den Adjutanten bzw. Nachrichtenoffizier bei der Abfassung der Funk- und Fernsprechmeldungen.

Grundsatz: Dauernde Verbindung mit Nachrichtenoffizier halten.

k) Funkmeister des Nachrichtenzuges.

Der Funkmeister ist für die Instandhaltung und schnelle Instandsetzung etwa beschädigten Nachrichtengeräts verantwortlich und verwaltet das Nachrichtengerät.

Er bearbeitet unter Leitung des Nachrichtenoffiziers den Ersatz und Nachschub an Nachrichtengerät. Sein Platz ist beim Abteilungs-Gefechtstroß.

Der Funkmeister muß stets bestrebt sein, von sich aus Verbindung mit dem Nachrichtenoffizier aufzunehmen.

l) Schirrmeister des Abteilungsstabes.

Auf dem Marsche ist er „Schließender" und fährt am Ende des Gefechtstrosses.

Er meldet über beschädigte Kraftfahrzeuge bei Rasten dem Adjutanten.

Er veranlaßt die Instandsetzung oder das Abschleppen beschädigter Kraftfahrzeuge. In der Unterkunft leitet er den kraftfahrtechnischen Dienst im Stabe und ist für die Fahrbereitschaft der Kraftfahrzeuge des Stabes verantwortlich. Er regelt die Arbeit der Motorenschlosser und sorgt für Abtransport der Fahrzeuge, deren Instandsetzung bei der Truppe nicht möglich ist, zur nächsten Kraftwagenwerkstatt.

2.) Erläuterung der Tätigkeit im Stabe an Beispielen.

a) Marsch.

Der Abteilungsführer wird sich auf dem Marsche in der Regel beim Divisionskommandeur aufhalten. Er wird begleitet vom Adjutanten, 2 Kraftradfahrern und einem Kleinfunktrupp b.

Der Ordonnanzoffizier führt den Stab in der Marschkolonne an dem ihm zugewiesenen Platz.

Der Nachrichtenoffizier sorgt für Funkverbindung mit dem Abteilungskommandeur und gibt Befehle desselben an die unterstellten Formationen weiter. Soweit die Abteilung geschlossen ist, kann dies durch Kraftradfahrer erfolgen. Sind die Kompanien auf verschiedene Marschgruppen verteilt, wie dies oft im Rahmen der Panzer-Division der Fall sein wird, so teilt der Nachrichtenoffizier jeder Kompanie einen Funktrupp zu, so daß Befehle durch Funk direkt vom Abteilungskommandeur an die Kompanien gegeben werden können.

Die Gefechtstrosse des Stabes und der Kompanien fahren bei ihren Formationen.

Der Verpflegungstroß wird vom Verpflegungsoffizier geführt und empfängt die Verpflegung für den nächsten Tag bei der Ausgabestelle.

Der Gepäcktroß marschiert nach Anordnung der Division unter geschlossener Führung.

b) Gefecht.

Wird die Abteilung zum Einsatz bereitgestellt bzw. eingesetzt, richtet der Ordonnanzoffizier den Gefechtsstand ein. Er sorgt für Aufstellung von Sicherungen, Fliegeralarm, für Wegebezeichnung zur leichten Auffindung des Gefechtsstandes und Aufstellung der Kommandoflagge.

Der Nachrichtenoffizier sorgt für Sicherstellung der Verbindung zu den Panzerwarnstellen und Kompanien. Er ist für die Befehlsübermittlung verantwortlich und wählt die jeweils zweckmäßigste und schnellste Verbindung. Hierzu werden ihm die Kraftradfahrer des Stabes unterstellt.

Der Beobachtungsoffizier richtet mit dem Scherenfernrohrunteroffizier die Panzerwarnstelle der Abteilung ein. Der Adjutant sorgt für Unterweisung der Offiziere des Stabes und des Stabspersonals über die Lage und übermittelt die Befehle an die Troßführer über den Verbleib der Trosse.

Der Führer des Gefechtstrosses sammelt den gesamten Gefechtstroß der Abteilung und führt ihn nach Weisung des Adjutanten nach.

c) Unterkunft.

Den Dienst im Stabe regelt der Abteilungsadjutant. Die Offiziere des Stabes bearbeiten die ihnen zugewiesenen Arbeitsgebiete und sorgen dafür, daß die Gefechtsbereitschaft und Schlagkraft der Truppe jederzeit gewährleistet ist.

V. Falsch=Richtig=Bilder.

Bild 1.

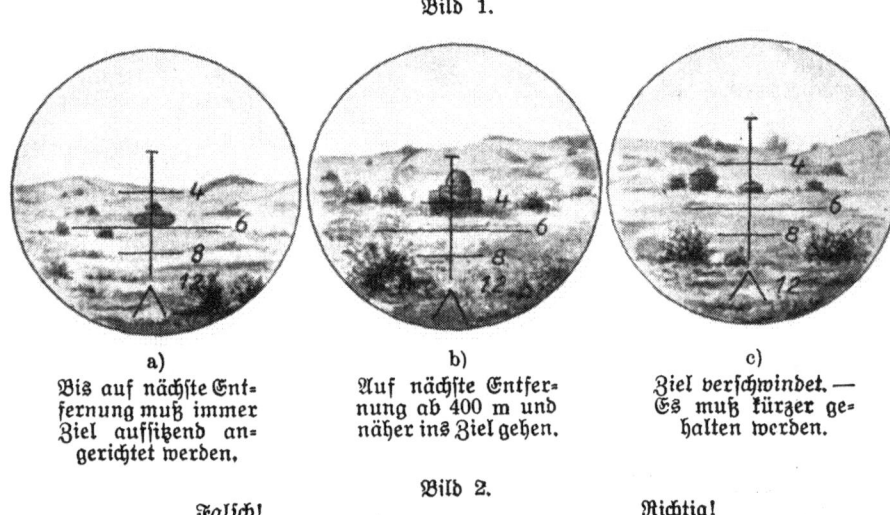

a)
Bis auf nächste Entfernung muß immer Ziel aufsitzend angerichtet werden.

b)
Auf nächste Entfernung ab 400 m und näher ins Ziel gehen.

c)
Ziel verschwindet. — Es muß kürzer gehalten werden.

Falsch!

Bild 2.

Richtig!

Ins Feuer laufen lassen. Veränderte Fahrtrichtung verursacht Fehler.

Tätigkeit beim Richten:
1. Mitte Ziel anrichten.
2. Vorhaltemaß nehmen und an der vorderen Kante anlegen.
3. Im Mitgehen Schuß lösen.

Bild 3.

a) Falsch!   b) Falsch!   c) Richtig!

Die Bezeichnung des Vorhaltemaßes in Metern bietet im Gelände keine Handhabe.

Wagenlänge: der Wagen, der 6 m lang ist, erscheint in der Schrägfahrt kürzer.

Zielbreite ist die Breite, wie der Wagen dem Auge des Schützen erscheint.

Bild 4.

Falsch!   Richtig!

Das Weiterfeuern auf schon getroffene Panzerkampfwagen bringt verhängnisvollen Zeitverlust.

Nach jedem Treffer sofort: Zielwechsel.

Bild 5.

Falsch!   Richtig!

Das Erkunden der Feuerstellung im Stehen läßt Büsche und Hügel, die das Schußfeld beeinträchtigen, nicht erkennen.

Beim Erkunden der Feuerstellung mit Augen in Rohrhöhe das Schußfeld prüfen.

Bild 6.

Falsch! Richtig!

Feuer auf gefährlichsten Feind richten, wenn auch flankierend geschossen werden muß.

Bild 7.

Zielfernrohr lose: Trotz richtigen Anhaltens keine Treffer.

Bild 8.

Falsch! Richtig!

Munition im Dreck — Geschütz schlecht gepflegt. — Folge: Hemmungen.

Bild 9.

Falsch!   Richtig!

Vor dem Einsatz Geschütz in Deckung fertig machen.

Bild 10.

Falsch!   Richtig!

Mit dem Befehl „Feuer frei" wird dem Richtschützen die Feuererlaubnis erteilt.

Bild 11.

Falsch!   Richtig!

Schütze 4 bei anderer Verwendung.   Der Schütze 4 beobachtet in diesem Fall nach rechts.

VI. Winke für Schießausbildung an der Pak.

Pakschützen müssen, um die sich rasch bewegenden Panzerfahrzeuge erfolgreich niederkämpfen zu können, schnell und sicher die Entfernung und Geschwindigkeiten dieser Ziele bei verschiedenen Fahrtrichtungen schätzen können und die feindlichen von eigenen Panzerfahrzeugarten unterscheiden. Nur wenn die Werte für die Entfernung und für die Geschwindigkeit genau ermittelt worden sind, kann der Richtschütze treffen.

Durch planmäßiges Schulen der Rekruten und durch dauernde Übung der ausgebildeten Pakschützen wird den Anforderungen des sich schnell abrollenden Kampfes genügt. Übungen, die diesem Zweck dienen, sind häufig in den übrigen Dienst einzuschieben und haben bei jedem Wetter, bei verschiedener Beleuchtung, in wechselndem Gelände und mit der Gasmaske stattzufinden. Jedes Mittel, diese Ausbildung abwechslungsreich und anregend zu gestalten, muß ausgenutzt werden. Am Ende der Ausbildung muß durch drillmäßige Übungen im Entfernungs- und Geschwindigkeitsschätzen nach gestoppter Zeit erreicht worden sein, daß der Schütze ohne jede Denkarbeit die Werte ermittelt.

Die Forderungen, die an den Richtschützen zu stellen sind, sind in der D 140 und der H.Dv. 470/6c klar zum Ausdruck gebracht.

Ausbildungsgang.

Die Ausbildung im Schießen beginnt mit dem Unterricht über das Geschütz, im besonderen seine Richtmittel. Schießlehre und Richtausbildung folgen.

Die erste Ausbildung im Zielen erhält der Schütze mit dem Gewehr. Die dabei erlangte Zielfertigkeit dient als Grundlage für die Richtausbildung an der Pak.

Gleichzeitig mit der Richtausbildung hat Schulung im Schätzen von Entfernung, Geschwindigkeiten und Vorhaltemaßen einzusetzen.

Die Schießausbildung mit dem Hilfsgerät ist eine wichtige Voraussetzung für den scharfen Schuß mit der Pak. Nach gründlicher Vorbereitung durch die Ausbildung mit Hilfsgerät ist viel und häufig, soweit die zur Verfügung stehenden Mittel es erlauben, scharf zu schießen.

Die Schießausbildung mit Hilfsgerät.

Zur vorbereiteten Schießausbildung dient folgendes Schießgerät:

1.) Hilfsdrahtgestell. 2.) Zielkelle.

Bild 1. Bild 2.

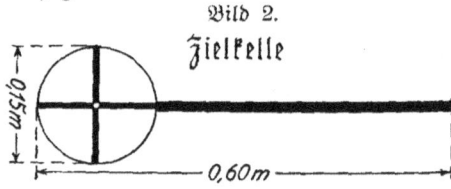

3.) Scheiben mit Kampfwagennachbildung
   a) in Drauflosfahrt,
   b) in Querfahrt,
   c) in Schrägfahrt.

Bild 3.

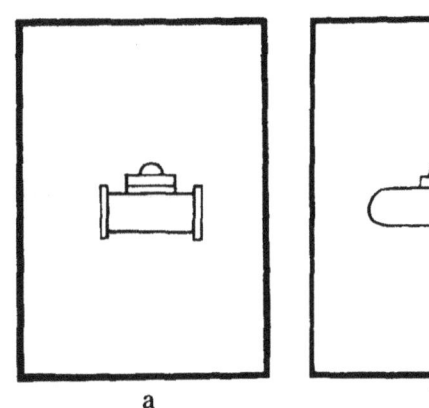

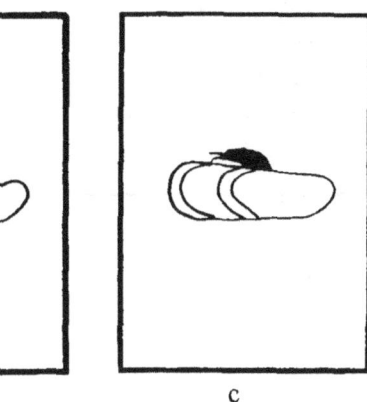

a   b   c

4.) Scheiben
   a) mit Schlangenlinie,
   b) mit Kurvenlinien.

Bild 4.

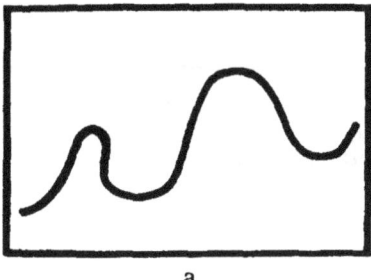

a

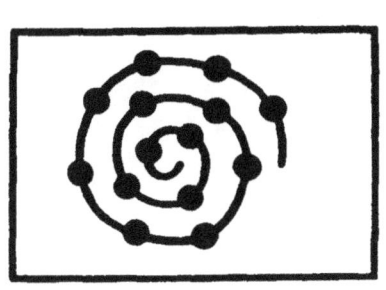

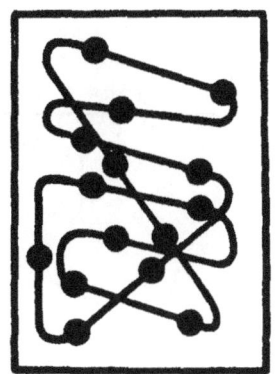

b

5.) Scheiben mit Kampfwagennachbildung und eingezeichneten Vorhalte=
maßen
   a) für Querfahrt,
   b) für Schrägfahrt.

Bild 5.

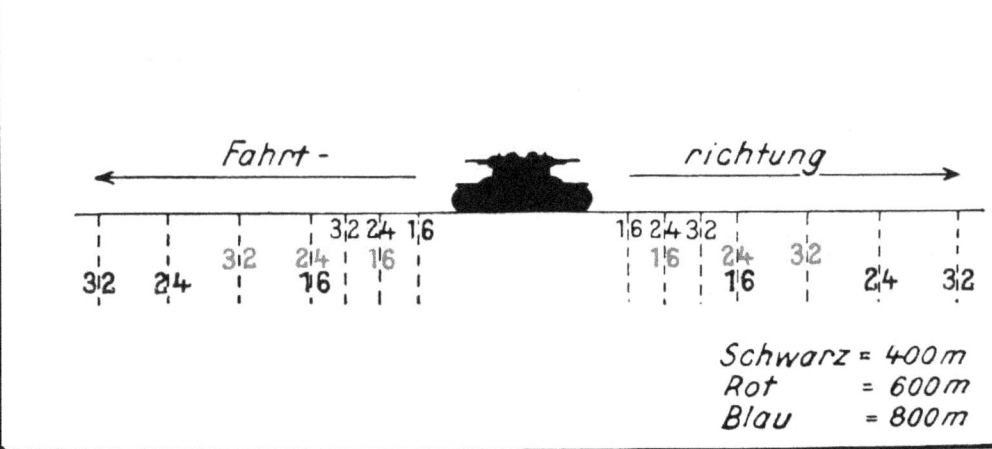

Die Markenstriche zeigen ¼, ½ und ganze Zielbreiten an. Die Zahlen be=
deuten Kilometergeschwindigkeit: in schwarz auf 400 m, in rot auf 600 m und
in blau auf 800 m Entfernung. Die Markenstriche und Zahlen müssen so klein
sein, daß sie von dem richtenden Schützen nicht erkannt werden können.

Bild 6.

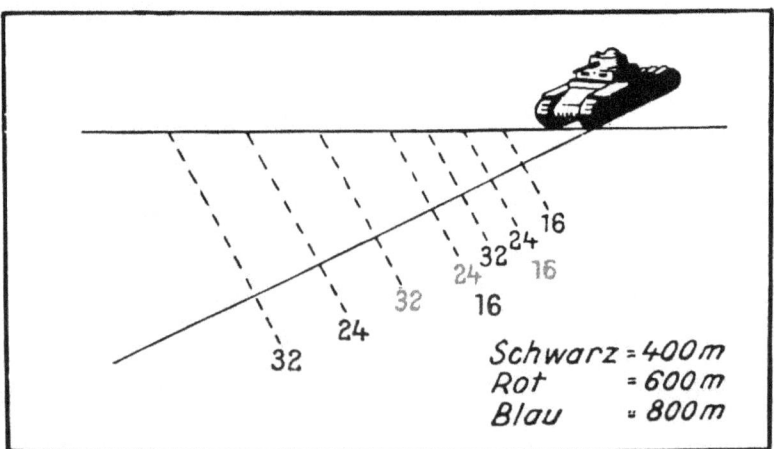

6.) Zielkontrollspiegel.
7.) Rohrschreiber.

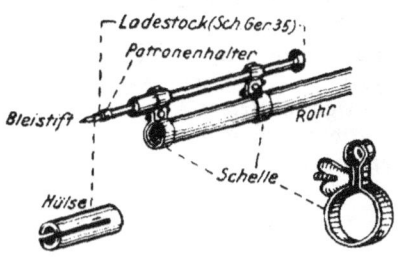
Bild 7.

Erklärung des Zielfernrohrs.

Zunächst wird dem Rekruten mittels des Hilfsdrahtgestells die Einteilung im Zielfernrohr erklärt. Alsdann läßt man ihn durch das Zielfernrohr sehen, wobei ihm die einzelnen Markenstriche nochmals erklärt werden. Das Zielfernrohr wird hierzu auf den Fernrohrträger geschoben und nicht dem Schützen in die Hand gegeben, da er bei letzterem schwer den richtigen Abstand mit dem Auge hält und durch Schräghalten ständig den Schatten der Rohrwandung sieht. Der richtige Abstand vom Zielfernrohr beträgt 15 bis 18 cm. Der Schütze sieht dabei mit dem rechten Auge durch das Fernrohr, mit dem linken Auge am Zielfernrohr vorbei auf das Ziel. Die Stellung der Augen ist dann richtig, wenn die Rohrwandung des Zielfernrohrs vom Auge kaum noch wahrgenommen wird und die Strichplatte frei auf dem Ziel liegend erscheint.

Erklärung des Haltepunktes.

Mit dem Hilfsdrahtgestell zeigt der Ausbilder die richtigen Haltepunkte, indem er es auf Scheiben mit Kampfwagennachbildung (Bild 3) auflegt. Er zeigt dem Schützen, wie z. B. „600 m Zielaufsitzen" oder „800 m vordere Kante" oder „400 m ins Ziel gehen" aussieht.

Richtübungen.

Erst jetzt wird mit einfachsten Richtübungen begonnen. Hierzu werden dieselben Scheiben (Bild 3) verwendet. Der Ausbilder spricht das Ziel von Anfang an mit dem vorgeschriebenen Richtkommando an, z. B. „Geradeaus! — 800 — Panzerkampfwagen! Richten!"
Der Schütze richtet. Nach Fertigmeldung prüft der Ausbilder nach oder er überprüft während des Richtens den Haltepunkt durch den Zielkontrollspiegel. Hat der Rekrut hierin eine gewisse Fertigkeit erlangt, werden dieselben Übungen nach Zeit ausgeführt (Stoppuhr). Hierbei darf jedoch die Genauigkeit des Richtens unter keinen Umständen leiden.
Im weiteren Verlauf wird die Ausbildung ins Gelände verlegt. Es wird auf Kampfwagenscheiben gerichtet und auf Kampfwagennachbildungen (Kfz.), die sich nur in Drauflosfahrt befinden. Dieses wiederholt man bei verschiedener Witterung und Beleuchtung und in wechselndem Gelände.

Dreieckzielen.

Eine weitere Ausbildung im Richten stellt das Dreieckzielen dar. Hierzu wird eine Scheibe auf 25 bis 50 m Entfernung aufgestellt. Der Rekrut richtet auf ein auf der Scheibe befestigtes weißes Blatt Papier, bringt darauf durch Zuruf die von einem Hilfsausbilder geführte Zielkelle auf dem Papier mit seiner Visierlinie in Deckung. Nach Fertigmelden des Richtschützen markiert der Hilfsausbilder durch das Loch der Kelle mit Bleistift den Haltepunkt. Bei unveränderter Richtung des Geschützes (der Visierlinie) wird die Zielkelle noch zweimal durch Zuruf des Richtschützen mit der Visierlinie in Deckung gebracht und der jeweilige Haltepunkt vom Hilfsausbilder markiert. Aus der Lage der Haltepunkte zueinander läßt sich die Fertigkeit der einzelnen Schützen im Richten erkennen.

Kurbelübungen.

Sicheres, gewandtes Handhaben der Richtmaschinen sind Vorbedingung für gute Schießleistungen. Der Schütze muß die Richtmittel im Schlaf beherrschen. Gleichzeitiges, gleichmäßiges und gefühlsmäßiges Bedienen der Richtmaschinen muß gefordert werden.

Für die Kurbelübungen dienen die Scheiben (Bild 4). Bei der ersten Übung verfolgt der Schütze mit der vom Ausbilder befohlenen Entfernungsmarke und in der befohlenen Richtung die Schlangenlinie. Z. B.: „Von links! — 800! Panzerkampfwagen! Richten!"

Hierbei kommt es darauf an, daß der Rekrut genau Zielaufsitzen richtet und nicht mit der 800 m-Marke in der Linie herumfährt. Die Überprüfung durch den Ausbilder geschieht mit dem Zielkontrollspiegel. Die zu fordernde Schnelligkeit des Richtens darf auch hier auf keinen Fall die Genauigkeit beeinträchtigen.

Zu weiteren Kurbelübungen verwendet man die Kurvenscheiben mit schwarzen Punkten (Bild 4).

Der Schütze verfolgt mit einer befohlenen Marke die Linie und drückt jedesmal, wenn er einen der Punkte genau Ziel aufsitzend erreicht hat, ab. (Hierbei können gleichzeitig die Ladebewegungen der Schützen 2 und 3 geübt werden.) Überprüfung wie zuvor mit dem Zielkontrollspiegel.

Eine weitere Kurbelübung stellt das Richten auf eine am Stock befestigte Kampfwagenattrappe dar. An einem etwa 2 m langen Stock ist eine aus Pappe gefertigte Kampfwagenscheibe angebracht. Diese wird durch einen Hilfsausbilder auf irgendeiner Scheibe in beliebiger Richtung hin und her geführt. Der Schütze richtet mit der befohlenen Marke, der Ausbilder beobachtet durch den Zielkontrollspiegel.

Um das gefühlsmäßige Bedienen der Richtmaschinen zu üben, empfiehlt sich folgende Übung. Der Schütze kurbelt, ohne zu sehen (Pappscheiben von innen vor die Schutzbrillen oder vor die Augenfenster der Gasmaske legen), auf Zuruf: „Rohr hoch rechts! Rohr mitte waagerecht! Rohr tief links!" usw.

Richtübungen mit Vorhaltemaß.

Im Schießlehreunterricht hat der Rekrut inzwischen gelernt, daß er bei quer- und schrägfahrenden Panzern vorhalten muß. Er weiß, daß er sein Vorhaltemaß in Zielbreiten und nicht in Kampfwagenlängen nimmt. Die folgenden Scheiben (Bild 5) dienen zur Richtübung mit Vorhaltemaß bei Quer- und Schrägfahrt. Das Richten auf diese Scheiben ist schwer und infolgedessen häufig zu üben. Man fange zunächst mit kleinen, **befohlenen** Vorhaltemaßen an. Die erste Scheibe stellt ein querfahrendes (d. h. senkrecht zur Schußrichtung fahrendes) Ziel dar.

Die Scheibe wird auf 25 bis 50 m Entfernung aufgestellt. Der Hilfsausbilder tritt mit der Zielkelle an die Scheibe, der Ausbilder mit seiner Abteilung an das Geschütz und gibt Richtkommandos, z. B.: „Von rechts! — 800! — Panzerkampfwagen! — Eine Zielbreite vorhalten!" Der Schütze richtet Kampfwagenmitte an, nimmt das befohlene Vorhaltemaß, welches er an vordere Zielkante anlegt und bringt alsdann durch Zuruf die vom Hilfsausbilder geführte Zielkelle (wie beim Dreieckzielen) mit seiner Visierlinie in Deckung. Bei unveränderter Richtung des Geschützes wird dieses wie beim vorher erwähnten Dreieckzielen noch zweimal wiederholt.

Eine weitere Übung stellt das dreimalige erneute Anrichten mit demselben Vorhaltemaß mit jedesmaligem Einführen der Zielkelle dar. Zu Anfang der Ausbildung wird das entstehende Fehlerdreieck bei der letzterwähnten Übung größer sein.

Bild 8.

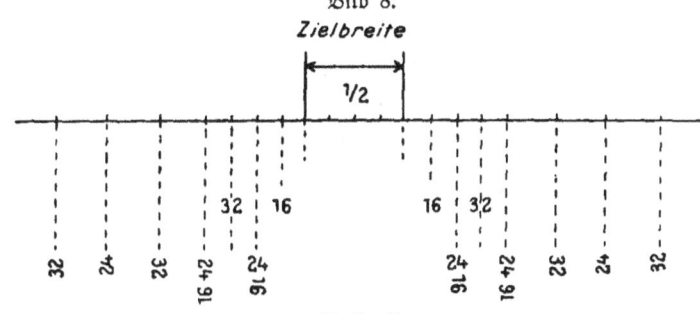

Zielbreite

Die gerade stehenden Zahlen (16) für die Entfernung 400.
Die rechts liegenden ($\frac{3}{5}$) für die Entfernung 600.
Die links liegenden ($\frac{16}{5}$) für die Entfernung 800.

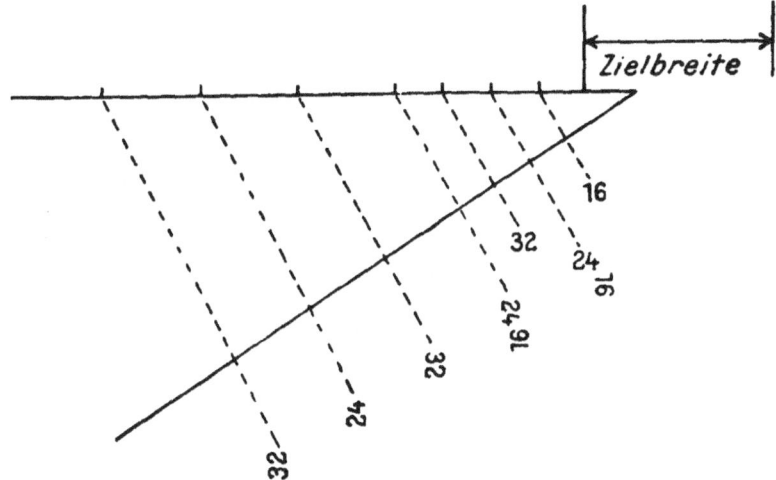

Dieselben Übungen werden dann auf die Scheibe mit schrägfahrenden Kampfwagen ausgeführt.

Bei fortgeschrittener Ausbildung werden diese Übungen o h n e N e n = n u n g d e s V o r h a l t e m a ß e s wiederholt. Das Richtkommando würde dann z. B. lauten: „Halb links! — 600! — Geschwindigkeit 24! — Panzer= kampfwagen! — Richten!"

Um eine ständige Kontrolle über den Fortschritt des einzelnen Schützen in der Ausbildung zu haben, wird folgendes empfohlen. Der Ausbilder hat für jeden Schützen seiner Abteilung in verkleinertem Maßstab ein Abbild der Scheiben mit Vorhaltemaß (Bild 8).

Nach jeder Richtausbildung überträgt er das Fehlerdreieck der einzelnen Schützen in die für jeden vorhandenen verkleinerten Abbilder unter Hinzu= fügung des Datums, an welchem das Richten stattfand.

Hierzu ist es aber nötig, daß der betreffende Ausbilder ständig dieselben Schützen hat. Wie überhaupt ein Wechsel der Ausbilder oder ein Wechsel der Zusammenstellung der Abteilungen gerade bei der Schießausbildung un= bedingt vermieden werden muß. Ein absolut klares Urteil kann sich der Aus= bilder nur dann verschaffen, wenn er ständig dieselben Rekruten hat.

Die vorher erwähnte Art der Kontrolle über den Fortschritt in der Schieß= ausbildung mag auf den ersten Blick umständlich und „zuviel verlangt" er= scheinen. Bei einmaliger Anlage eines Abbildes der Scheibe ist sie jedoch in ihrer Durchführung einfach und nimmt im Vergleich zu dem Vorteil wenig Zeit in Anspruch. Bei der Auswahl der Schützen 1 wird sie gute Dienste leisten. Zudem zwingt der Kompaniechef auf diese Weise die Schießausbilder, daß sie sich zwangsläufig mit jedem einzelnen Schützen beschäftigen und ihn in dem Fortschritt der Ausbildung beobachten.

Ein weiteres Hilfsgerät, das bei den vorher beschriebenen Richt= und Kurbelübungen verwendet werden kann, sei noch erwähnt:

Der Rohrschreiber.

Er soll den Richtweg, den der Schütze beschreibt, graphisch festlegen. Seine Herstellung ist einfach und erfordert so gut wie keine Kosten. Man stellt zwei Schellen aus Bandeisen her, die an dem vorderen Rohrende befestigt werden. Sie laufen nach oben gabelförmig aus, so daß in ihnen ein Ladestock (Zu= behör zum Schießgerät 35) gleichzeitig befestigt werden kann. In dem Patronenhalter des Ladestocks wird ein Bleistift mittels einer Hülse fest eingeführt. Vor der Rohrmündung stellt man eine kleine Tafel so auf, daß die Bleistiftspitze bei mitte waagerecht gestelltem Rohr unter dem Federdruck des Patronenhalters ein auf der Tafel angebrachtes weißes Blatt Papier in der Mitte berührt. Der Bleistift schreibt dann bei den Richt= und Kurbel= übungen den Weg der Rohrmündung auf das Blatt Papier. Bei den Kurbel= übungen auf die Scheibe 4a würde z. B. bei genauem Richten ein verkleinertes Abbild der Schlangenlinie aufgezeichnet. Der Vorteil des Rohrschreibers liegt darin, daß man dem Schützen seinen Richtweg (Fehler) „schwarz auf weiß" zeigen kann (siehe Bild 8a).

Bild 8a.

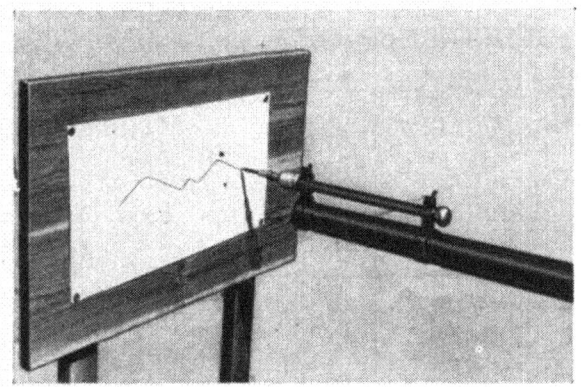

Entfernungs- und Geschwindigkeitsschätzen.

Gleichzeitig mit der Richtausbildung hat das Schätzen von Entfernungen und Geschwindigkeiten einzusetzen.

Schnelles und sicheres Schätzen ist entscheidend für den Erfolg der Pak.

Das Entfernungsschätzen ist die erste Ausbildungsstufe.

Es werden in der Hauptsache die Entfernungen geschätzt, die für den Kampf der Pak in Frage kommen. Hierzu stellt man Kampfwagenscheiben, Kampfwagennachbildungen (Kfz.), Protzkraftwagen usw. auf die Entfernungen 1200 m, 800 m, 600 m und 400 m in zunächst unbedecktem, flachem Gelände auf. Es empfiehlt sich, bei der ersten Ausbildung (Erklärung der Entfernung) Ziele gleicher Größe zu verwenden, um an den durch die verschiedenen Entfernungen hervorgerufenen Größenunterschieden die einzelnen Entfernungen zu erklären.

Hiernach wird zum eigentlichen Schätzen übergegangen.

Die Ausbildung wiederholt man in ständig wechselndem Gelände bei verschiedener Beleuchtung und Witterung.

Um eine absolute Beurteilung jedes einzelnen in der Fertigkeit des Schätzens zu haben, läßt man die ermittelten Werte in das Entfernungsschätzheft unabhängig voneinander eintragen. Ein Zurufen der Ergebnisse muß unterbleiben, da dadurch die Masse der schätzenden Abteilung beeinflußt wird.

Das Geschwindigkeitsschätzen ist die zweite Ausbildungstufe.

Wir stellen hierzu auf die Entfernungen 800 m, 600 m und 400 m je eine Kampfwagennachbildung in Querfahrt auf. (Über 800 m Entfernung wird nur auf stehende Ziele geschossen.)

Auf Zeichen des Ausbilders fahren die Kfz. gleichzeitig mit derselben Geschwindigkeit (zunächst 16 km) an. Hierbei wird den Rekruten erklärt, warum nahe Ziele schneller zu fahren scheinen als entferntere, obgleich alle dieselbe Geschwindigkeit haben. Alsdann läßt man die Kfz. mit der gleichen Geschwindigkeit einzeln fahren, wobei diese der schätzenden Abteilung eingeprägt wird. Dasselbe führt man mit den Geschwindigkeiten 24 km und 32 km durch.

Wie beim Entfernungsschätzen wird auch diese Ausbildung zunächst im flachen, unbedeckten und später im wechselnden Gelände, bei verschiedener Beleuchtung und Witterung betrieben.

Als Schätzprüfung dieser ersten Ausbildung wird folgendes Beispiel empfohlen: Man stellt je eine Kampfwagennachbildung auf 800 m, 600 m und 400 m Entfernung auf. Alle Kfz. fahren gleichzeitig auf Zeichen an, und zwar das 800 m=Ziel mit 32 km, das nächste mit 24 km und die 400 m= Kampfwagennachbildung mit 16 km Geschwindigkeit.

Hierbei wird der Ausbilder feststellen, daß ein großer Teil der Rekruten zwar die einzelnen Entfernungen richtig angibt, die Geschwindigkeit aber bei allen Fahrzeugen gleich schätzt, weil alle gleich schnell zu fahren scheinen, da wir dem entfernteren Ziel die jeweils größere Geschwindigkeit gegeben haben.

Im weiteren Verlauf wird zum Schätzen auf schrägfahrende Ziele über= gegangen.

Als Abschluß des Entfernungs= und Geschwindigkeitsschätzens läßt man Ziele mit verschiedenen Geschwindigkeiten quer und schräg zur Schußrichtung fahren. Hierzu wird ein genauer Plan angefertigt, den der Ausbilder und die Zielfahrzeuge erhalten. Die Kommandanten der Kampfwagennachbil= dungen sind mit Flaggen oder Leuchtpistolen ausgerüstet.

Im folgenden Plan sollen drei Ziele fahren: Ziel 1 fährt von 1000 m bis 800 m in Schrägfahrt, dann entlang der 800 m=Linie mit 24 km Geschwindig= keit. Von dort aus in Schrägfahrt bis zur 600 m=Linie und dieser entlang mit 16 km. Von der 600 m=Linie zur 400 m=Linie und dieser entlang mit 24 km Geschwindigkeit (siehe Anlage 1).

Die Fahrzeuge werden auf Grund des Geländes nicht dauernd die befohlene Geschwindigkeit halten können, deshalb ruft der Fahrer bei jedesmaligem Erreichen derselben diese dem Kommandanten zu, der daraufhin ein Zeichen gibt (Flagge oder Leuchtkugel), auf das hin die Abteilung schätzt. Die er= mittelten Werte (Entfernung, Geschwindigkeit und das sich daraus ergebende Vorhaltemaß) trägt der Rekrut in sein Schätzheft ein. Der Ausbilder mar= kiert den Standort des Zieles in seinem Plan. Er kann dann jederzeit aus diesem Entfernung und Geschwindigkeit entnehmen.

In dem Bild sind bei Ziel 1 sechs Zeichen vom Zielfahrzeug gegeben. Es mußte also sechsmal geschätzt werden. Die richtigen Schätzwerte waren:

1.) 800 m — 24 km.   4.) 600 m — 16 km.
2.) 800 m — 24 km.   5.) 400 m — 24 km.
3.) 600 m — 16 km.   6.) 400 m — 24 km.

Bei Ziel 2 und 3 wird in gleicher Weise verfahren.

Der Aufbau dieses Schätzens bedarf gründlicher Vorbereitung. Die Strecken der Zielfahrzeuge müssen genau festgelegt sein und vorher eingefahren wer= den. Als Kommandanten nimmt man Rekrutengefreite.

Der große Vorteil dieses Schätzens liegt einmal in der Möglichkeit der absolut sicheren Auswertung und zum anderen darin, daß alle Rekruten gleichzeitig im Augenblick des Zeichens des Zielfahrzeuges überraschend ge= zwungen werden, ihre Schätzung abzugeben.

Diese Ausbildung wiederholt man so oft wie irgend möglich.

Das Richten im Gelände.

Wie das Geschwindigkeits- und Entfernungsschätzen im Gelände wird auch das Richten im Gelände gehandhabt; möglichst viel Geschütze werden in einer Linie so weit voneinander aufgestellt, daß die Abteilungen sich nicht stören. Der Ausbilder läßt die Rekruten einzeln an das Geschütz herantreten, durch das Zielfernrohr Entfernung und Geschwindigkeit der Ziele schätzen, läßt sich das Vorhaltemaß nennen und kontrolliert durch den Zielkontrollspiegel den Haltepunkt der Rekruten. Die Abteilung ist so weit hinter das Geschütz getreten, daß die Ausbildung am Geschütz nicht gestört wird. Der Hilfsausbilder läßt indessen die Abteilung Geschwindigkeit und Entfernung schätzen und die Vorhaltemaße nennen.

Mit den Richtübungen läßt sich auch der schnelle Zielwechsel üben, und zwar immer dann, wenn der Ausbilder annehmen kann, daß der Rekrut richtig abgekommen ist. Der Ausbilder ruft: „Treffer", der Rekrut schwenkt sofort auf ein neues Ziel um.

Hierdurch, ferner durch Richten mit Gasmasken, mit Regenschutzrohren, durch Richten nach „Feuerstellung" im Mannschaftszug werden die Richtübungen abwechslungsreich gestaltet. Der Kompaniechef und die Rekrutenzugführer werden sich bald überzeugen können, daß die Rekruten nun zum Schießen im Gelände übergehen können.

Das Schießen.

In folgendem Abschnitt soll das Schießen mit Kleinkalibergerät und das Schießen mit Schießgerät 35 behandelt werden.

Nach der H.Dv. 241 ist das Schießen mit Zielmunition geregelt, außerdem sind nach der H.Dv. 140 Ziffer 18 sämtliche Schulübungen mit Zielmunition vorzuüben. Es empfiehlt sich, möglichst früh mit dem Schießen auf dem Kleinkaliberschießstand zu beginnen, um den Rekruten gleichsam spielend mit dem Geschütz vertraut zu machen. Nachdem die geforderten Bedingungen abgeschossen sind, kann das Kleinkalibergerät überaus nutzbringend zum Gefechtsschießen im Gelände ausgenutzt werden. Die Sicherheitsbestimmungen sind in der D 114 Seite 64 festgelegt. Pak-Kompanien, die Truppenübungsplätze in erreichbarer Nähe haben, werden auf Antrag sicherlich eine Schußbahn im Ausmaß von 1300 × 300 m an der Peripherie des Platzes erhalten können.

Das Gefechtsschießen mit Kleinkalibergerät kann bis auf 75 m Entfernung betrieben werden.

Möglichst viel Scheiben in richtigen Größenverhältnissen und die dazugehörigen Seilzuganlagen können mit primitiven Mitteln und ohne große Überbeanspruchung der Scheibengelder hergestellt werden, zumal ein komplettes Gerät für eine ganze Panzerabwehrabteilung vollauf genügt (siehe Bild 9).

Die Scheiben werden auf 75 m ausgezogen und über Rollen im Zickzackkurs herangeführt. Die Geschützbedienung bekommt einen Auftrag, z. B.: „Auf dem Wege zur Feuerstellung erkennen Sie anfahrende Panzerkampfwagen!" Die Geschützbedienung kommt herangefahren, protzt beim Erkennen der kleinen Pappattrappen ab: „Feuerstellung!", „Zielansprache!", „Feuer frei!", „Schußverbesserung!" „Treffer!", „Zielwechsel!", kurz, in bunter Weise kann alles angewandt werden, was zur Schießausbildung notwendig ist.

Bild 9.

Seilzuganlagen mit 2 Quer= und einer Drauflosfahrt=Scheibe.

Der Kompaniechef kann die verschiedenartigsten Aufgaben stellen, wie: Geschütz aus der Deckung in Feuerstellung, im Mannschaftszug einem Angriff folgend und so fort; er wird seine helle Freude haben, zu sehen, mit welchem Schwung jeder mitmacht, und er wird gar zu bald feststellen müssen, daß seine Munition zu Ende geht.

Ein weiteres Mittel in der Förderung der Schießausbildung stellt der Scheibenwagen für Schießen mit Zielmunition dar.

Scheibenwagen für Kleinkaliber=Pak=Schießen.

Man kann ihn in jedem Gelände, auf dem Kleinkaliber= und M.G.=Stand ohne große Vorbereitungen schnellstens aufbauen. Die Wartung ist sehr einfach, und er ist leicht zu transportieren. Der Wagen dient zur Schießausbildung nach der D 140 Ziffer 1, 2, 12—18.

Je nach Übungszweck können Scheiben nach H.Dv. 241, Anlage 7, Beispiel a und b, nach D 140 Beispiel Anlage 3—5 oder selbst entworfene, maßgerechte Scheiben verwendet werden. Der Wagen eignet sich hervorragend, um die Schießfertigkeit der Schützen während des ganzen Jahres mit billigen Mitteln zu fördern.

Der Wagen eignet sich zur Darstellung folgender Ziele:

1.) Von vorn anfahrender Panzerkampfwagen mit Auf= und Abwärtsbewegungen ohne seitliche Bewegung.

2.) Seitwärts fahrender Panzerkampfwagen ohne Auf= und Abwärtsbewegungen.

3.) Seitwärts fahrender Panzerkampfwagen mit Auf= und Abwärtsbewegungen.

Aufbau des Wagens für die einzelnen Schießen.

Zu 1.), Bild 10:

Der Scheibenwagen wird aufgebockt, so daß die Laufräder frei hängen und die Treibräder (Räder mit Nuten), die durch eine Schnur mit dem Kurbelrad hinter der Feuerstellung verbunden sind, die Auf- und Abwärtsbewegungen der Scheiben durch die Pleuelstangen ermöglichen. Führung der Schnur wie auf Bild 10. Die Scheiben müssen auf ungleiche Höhe eingestellt werden.

Bild 10.

Zu 2.), Bild 11:

Die Pleuelstangen werden von den Treibrädern gelöst und die Scheiben in ungleicher Höhe festgesteckt. Der Wagen wird auf den Laufbrettern hin und her gezogen. Führung der Schnur wie auf Bild 11.

Zu 3.), Bild 12:

Die Pleuelstangen sind mit den Treibrädern verbunden, und die Scheiben bewegen sich dadurch auf- und abwärts. Der Wagen wird auf den Laufbrettern hin und her gezogen. Hierdurch entsteht gleichzeitig eine Seitwärts- sowie Auf- und Abwärtsbewegung der Scheiben. Führung der Schnur wie Bild 12.

Bild 11.

Das Schießen.

Vor Beginn des Schießens wird das auf dem Wagen befindliche Richtkreuz angerichtet. Auf das Kommando „Feuer frei" beginnt das Schießen.

Die Bewegungsgeschwindigkeit des Wagens richtet sich nach dem Übungszweck. Als Anhalt dient die Seite 9 der H.Dv. 241.

Bild 12.

Die Übungen können nach Ermessen des Kompaniechefs beliebig erweitert werden.

Das Schießen mit Schießgerät 35 ist ein vollwertiger Ersatz für den scharfen Schuß. Da aus begreiflichen Gründen für Schießübungen nicht ausreichende Mengen an Panzergranatpatronen (Üb) verbraucht werden können, müssen mit dem Schießgerät 35 alle die Übungen geschossen werden, die dazu beitragen, erstens die Schützen auszubilden, zweitens die Richtschützen zu ermitteln, drittens den ausgebildeten Leuten die Schießfertigkeit zu erhalten und zu vertiefen und viertens das Preisschießen durchzuführen.

Bild 13.

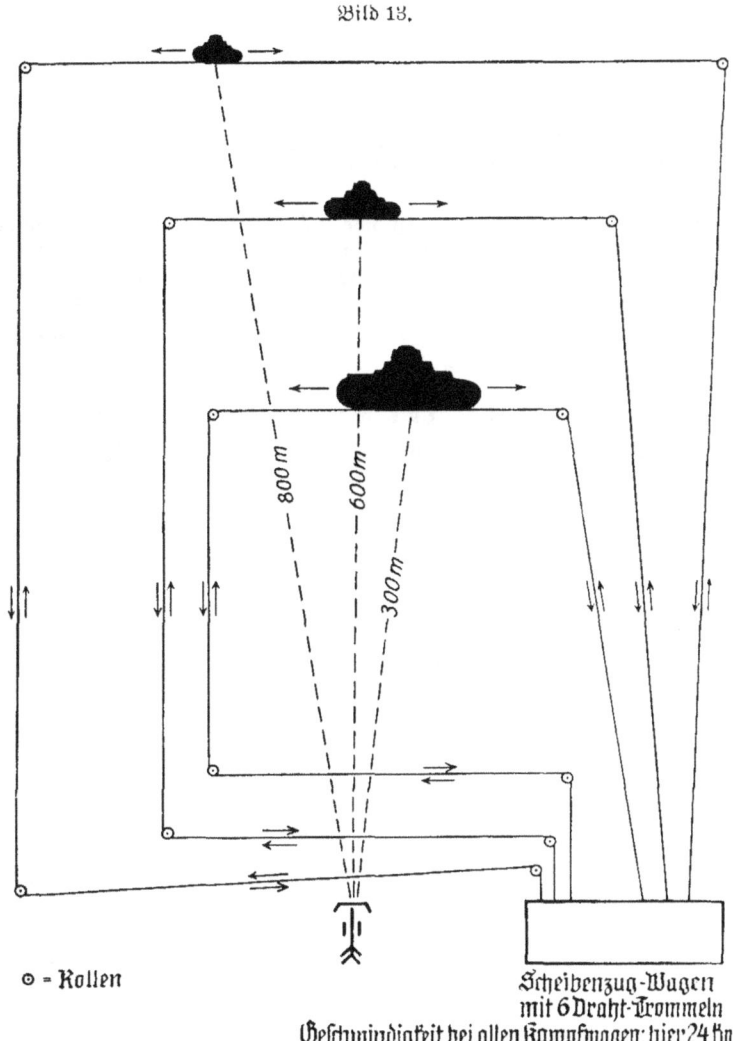

Der Kompaniechef wird sich also seine Munition für die verschiedenen Übungen aufteilen müssen. Die Übungen werden auf dem Schießstand und auf der Schußbahn im Gelände geschossen. Sie sind in der D 140 festgelegt.

Den Abschluß der Schießausbildung bilden die Schulgefechts- und Gefechtsschießen. Sie sollen in kriegsmäßiger Anlage und Durchführung der Wirklichkeit nahe kommen und die Möglichkeit bieten, Gefechtsausbildung und Schießausbildung nachzuprüfen.

Man unterscheidet:
1.) Schulgefechtsschießen mit dem einzelnen Geschütz und
2.) Gefechtsschießen.

Während das Schulgefechtsschießen einen Übergang vom Schulschießen zu den Gefechtsschießen bildet, sind die Gefechtsschießen Gefechtsübungen mit scharfer Munition.

Schulgefechts- und Gefechtsschießen finden in der Regel auf dem Truppenübungsplatz statt.

Da infolge übermäßiger Inanspruchnahme der Schußbahnen den einzelnen Einheiten sehr wenig Zeit zur Durchführung ihrer Schießen zur Verfügung steht, muß durch gründliche Vorbereitung ein reibungsloser Ablauf gewährleistet sein.

Vorherige gründliche Einweisung der Schiedsrichter und des Sicherheitsdienstes sowie ein zweckentsprechender, gut vorbereiteter Zielaufbau müssen die zur Verfügung stehende Zeit zur vollen Ausnutzung bringen.

Im folgenden soll ein Beispiel für den Zielaufbau eines Schulgefechtsschießens sowie die Anlage und Durchführung eines Gefechtsschießens besprochen werden.

Übungsbeispiel für Schulgefechtsschießen.

Auf drei senkrecht zur Schußrichtung fahrende Panzerkampfwagenattrappen in 400, 600 und 800 m Entfernung, Geschwindigkeit 24 km, je Schütze 10 Schuß.

Bild 14.

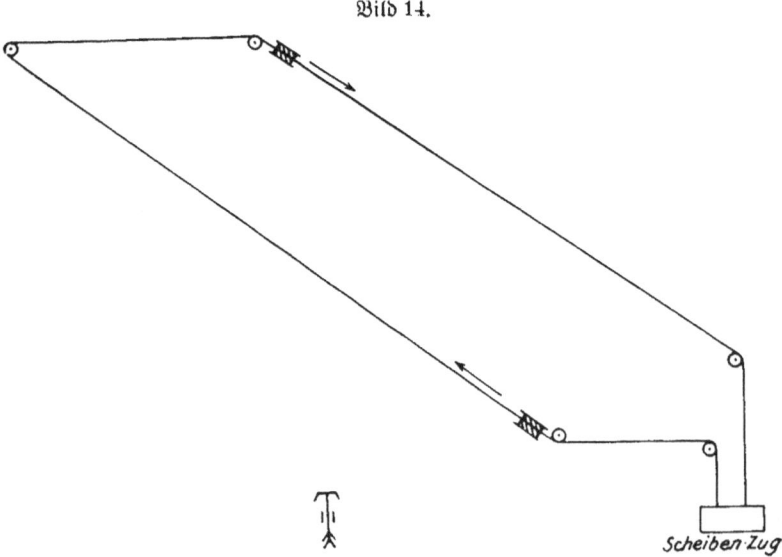

Übungszweck: Schießen mit Vorhaltemaß, Zielwechsel auf verschiedene Entfernungen.

Diese Art des Scheibenzuges läßt sich mit jeder Scheibenzuganlage durchführen und hat den großen Vorteil, daß ohne Pause geschossen werden kann. Trefferergebnisse auf Grund der Beobachtung durch Unteroffiziere (§ 139 M.St.G.B.).

In derselben Art mit nur einer Attrappe (600 m — 2 Trommeln der Zugmaschine —) läßt sich auch die Übung 2 der D 140 Anlage 10 durchführen. Auch für die 3. Übung der D 140 Anlage 10 kann der Zielaufbau entsprechend erfolgen (siehe Bild 14).

Anlage und Durchführung eines Gefechtsschießens für einen Zug einer Panzerabwehrkompanie.

Übungszweck: Begleiten eines Angriffs, dabei Beziehen einer Feuerstellung aus der Bewegung heraus mit sofortiger Feuereröffnung gegen einen überraschend gegen die linke Flanke vorstoßenden Panzerfeind, Feuerverteilung auf haltende und fahrende Panzer.

Lage: Eigene Truppen im Angriff von Südwesten nach Nordosten mit linkem Flügel entlang A=Dorf Ost—B=Dorf Ost—C=Dorf Ost gegen einen bisher nur schwach Widerstand leistenden Feind haben am ...., 8 Uhr, mit vordersten Teilen die Linie D=Dorf—E=Dorf erreicht.

1. Kompanie Panzerabwehrabteilung 20 mit dem Auftrag, den Angriff zum Schutz der linken Flanke zu begleiten, erreicht nach anstrengendem Nachtmarsch um 8 Uhr mit links herausgestaffeltem 1. Zug A=Dorf.

Übungsbestimmungen:
1.) Schießleitender: Kompaniechef.
   (Es ist zweckmäßig, daß der Schießleitende die Befehle der vorgesetzten Dienststelle selbst gibt, um den Zug in die von ihm beabsichtigte Richtung und damit in die den Sicherheitsbestimmungen entsprechende Feuerstellung zu bringen.
2.) Sicherheitsoffizier: 1 Kompanieoffizier.
3.) Truppen: 1 Zug der Kompanie.
4.) Munition: Pro Geschütz 36 Panzergranatpatronen (Üb.).
5.) Betriebsstoff: Voll aufgefüllt.
6.) Luftlage: Rege feindliche Aufklärungstätigkeit. Sämtliche Flugzeuge sind als feindlich anzusehen.

Bemerkungen: Für A=Dorf, B=Dorf usw. sind die entsprechenden Bezeichnungen aus der Karte des Übungsplatzes einzusetzen.

Gedachter Verlauf.

1.) Um eine möglichst dem Ernstfalle entsprechende Beanspruchung des Zuges zu erreichen, führt der Zug in der Nacht vor dem Schießen einen anstrengenden Marsch durch und steht am Schießtage entsprechend der Ausgangslage.

2.) Leitender gibt den Befehl zum Antreten des Zuges.

3.) Zug fährt mit Marschsicherung an.

4.) Sobald der Zug mit der Spitze den Anfang der zugewiesenen Schuß=
bahn erreicht hat, läßt der Leitende die ersten Ziele anfahren.

5.) Der Führer des zur linken Seitensicherung herausgeschickten Krad=MG.=
Trupps feuert, sobald er die feindlichen Kampfwagen erblickt, rote
Leuchtkugeln in Richtung der anfahrenden Kampfwagen ab und gibt
Zeichen mit Panzerwarnflagge.

6.) Zugführer gibt das Zeichen „Achtung — Panzerkampfwagen". Ge=
schütze gehen dort, wo sie das Zeichen aufnehmen, in Stellung und
nehmen das Feuer auf wirksame Schußentfernung auf (800 m).

7.) Leitender läßt die nächsten Ziele anfahren, von denen ein Teil 1200 m
bis 1000 m von der Stellung des Zuges entfernt stehenbleibt und aus
dem Halten das Feuer gegen die erkannte Abwehr eröffnet. (Über=
wachungskampfwagen mit Zielfeuer.)

8.) Sofern das Geschütz, bei dem sich der Zugführer bzw. der stellv. Zug=
führer befindet, das Feuer nicht auf die anhaltenden Ziele verlegt,
werden die betreffenden Geschütze durch Nebel (Nebelkerzen von Schieds=
richtern gelegt) geblendet und die Bedienung unter die Gasmaske
gezwungen.

9.) Leitender läßt die restlichen Ziele anfahren.

10.) Geschütze bekämpfen mit höchstmöglicher Feuergeschwindigkeit die feind=
lichen Kampfwagen.

11.) Ziele werden 300 m vor der Stellung angehalten, das Feuer wird sofort
eingestellt.

Schiedsrichterdienst.

Der Schießleitende leitet gleichzeitig den Schiedsrichterdienst. Bei jedem
Zugführer und Geschützführer befindet sich je ein Offizier bzw. Unteroffizier
als Schiedsrichter mit Schiedsrichterzettel (siehe Anlage 2 und 3).

Die Schiedsrichter geben die vom Leitenden beabsichtigten Einlagen (Aus=
fall von Schützen, Zielfernrohren, Darstellung der feindlichen Waffen=
wirkung usw.). Die ausgefüllten Schiedsrichterzettel dienen dem Leitenden
als Unterlagen für die Besprechung des Schießens.

Sicherheitsbestimmungen.

Die dem Ernstfalle nahe kommende Feuereröffnung aus der Bewegung
heraus erfordert die besondere Aufmerksamkeit und genaue Einweisung der
gleichzeitig mit der Überwachung der Einhaltung der Sicherheitsbestimmun=
gen beauftragten Schiedsrichter. Bei ungeübten Schiedsrichtern und Ge=
schützbedienungen empfiehlt es sich, das Feuer erst durch Hornsignal frei=
zugeben.

Zielbau.

1.) Allgemeines: Die Zugeinrichtungen auf den Truppenübungs=
plätzen lassen eine wirklichkeitsnahe Darstellung von Panzerangriffen grö=
ßerer Verbände nicht zu.

Dieser Umstand ist beim Zielbau zu beachten; man muß sich daher auf die
Darstellung einer bestimmten Kampfphase beschränken, um mit den vor=

handenen Zielen ein möglichst kriegsmäßiges Bild herauszubekommen. Es ist nicht zweckmäßig und gibt zu Trugschlüssen Anlaß, wenn man mit Annahmen arbeitet und z. B. mit 30 bis 40 Zielen den Angriff einer Panzerabteilung oder gar eines Panzerregiments darstellen will.

Die wenigen Ziele müßten der Breite und Tiefe des darzustellenden Verbandes entsprechend aufgebaut werden. Sie erscheinen dann vereinzelt weit auseinandergezogen und mit großen Abständen.

Die Bekämpfung eines solchen im Kriege niemals zu erwartenden Angriffs bereitet dem Panzerabwehrschützen keine Schwierigkeiten. Er soll aber gerade durch die Gefechtsschießen an das im ersten Augenblick verwirrend wirkende Auftreten von Panzerkampfwagenmassen gewöhnt werden und dabei ruhig und sicher schießen lernen.

2. Zielaufbau, Ausrüstung und Anforderung der Ziele:
Die Ziele sollen eine in erster Linie des ersten Treffens überraschend angreifende verstärkte Panzerkompanie darstellen. Die Breite beträgt etwa 300 m, die Tiefe etwa 400 m.

Sämtliche Wagen sind mit Zielfeuer ausgerüstet.

Es steht eine Anlage mit 16 Seilen zur Verfügung. An jedes Seil sind zwei Wagen mit 50 m Abstand angehängt.

Zielablauf wie im gedachten Verlauf.

Der Schießleitende steht mit den Zugmaschinen in Drahtverbindung und fordert die Ziele fernmündlich an.

Durch besonders eingeteiltes Beobachtungspersonal werden die als wirklich getroffen beobachteten Ziele angehalten, soweit eine Beobachtung der Schußbahnen von den Zugmaschinen aus möglich ist.

Zielaufnahme.

Die Zielaufnahme erfolgt durch die Schiedsrichter für die in ihrem Abschnitt bekämpften Ziele.

Aus der Aufnahme müssen ersichtlich sein:
Zahl und Art der gezogenen Ziele,
Zahl der getroffenen Ziele,
Zahl der Treffer.

Vorbesprechung des Schießens.

Der Leitende hält mit den Leitungsgehilfen und Schiedsrichtern eine Vorbesprechung ab, die am Tage vor dem Schießen auf der Schußbahn stattfindet. Hierbei erfolgt die genaue Einweisung in ihre Aufgaben. Bei dieser Besprechung müssen ferner der Zielbauoffizier und möglichst der verantwortliche Mann der Scheibenzuganlage von der Kommandantur des Truppenübungsplatzes zugegen sein.

Besprechung des Schießens.

Nach Beendigung des Schießens hält der Schießleitende an Ort und Stelle eine kurze Besprechung ab, die auf die Punkte, welche im Gelände besprochen werden müssen, beschränkt bleibt.

Die eingehende Besprechung findet in der Unterkunft nach Auswertung der Schiedsrichterunterlagen statt.

Die Besprechung endet mit einem klaren Urteil, das sich dahin ausspricht, ob der Kampfauftrag erfüllt ist oder nicht. Eine Bewertung des Schießens nach Trefferprozenten ist **verboten**.

Anhaltspunkte für die Besprechung eines Gefechtsschießens.

1.) Lage:
2.) Sind aus Sicherheitsgründen falsche Bilder entstanden:
3.) Wie ist die Stellung erkundet worden:
    a) Wahl der Stellung:
    b) Zielabschnitte:
    c) Einnehmen (Geländeausnutzung):
    d) Stellungswechsel:
    e) Verhalten der Geschützbedienung:
4.) Ziele:
    a) Zahl:
    b) Art des Angriffs:
    c) Geschwindigkeit:
    d) Wie lange wurden die Ziele beschossen:
    e) Zahl der getroffenen Ziele:
    f) Zahl der Treffer:
5.) **Der Feuerkampf**:
    a) taktisch:
        1.) Feuerleitung:
        2.) War der Zeitpunkt der Feuereröffnung richtig gewählt:
        3.) Zielwahl und Feuerverteilung:
        4.) Wieviel Zeit und Munition wurden gebraucht, um ein Ziel niederzukämpfen:
    b) schießtechnisch:
        1.) Schußentfernung:
        2.) Visierwahl; Haltepunkt (Vorhaltemaß):
        3.) Wie arbeitete die Bedienung:
            a) der Richtschütze (Zielfehler? Höhen= oder Seitenrichtung?):
            b) Schütze 2 und 3 (Munitionszufuhr):
            c) Schütze 3 und 4 (Beobachtung):
        4.) Munitionseinsatz:

Schlußurteil:
    Ist Auftrag erfüllt:

VII. Offiziers=Unterricht.

Im nachstehenden sollen stichwortartig Anhalte gegeben werden, wie die Unterrichtsthemen, die laut H.Dv. 470/1 verlangt werden, unterrichtet werden können.

A. Unterweisung in der Kampfweise der Panzerabwehr und Panzerverbände.

Zum Erkennen der Kampfweise ist es notwendig, Vor= und Nachteile der Waffe zu erklären.

Vorteile des Panzerkampfwagens.
1.) Angriffswaffe (bestimmt Zeit und Ort des Angriffs), greift überraschend und in überlegener Anzahl an, große Feuerkraft (M.G. — Geschütz — Kampfwagen).
2.) Bedienung hinter Panzer gegen Gewehr- und Maschinengewehrfeuer geschützt.
3.) Große Beweglichkeit (erschwert das Getroffenwerden), geländegängig (Gleisketten, große Auflage), großer Aktionsradius.
4.) Sofort schußbereit.

Nachteile des Panzerkampfwagens.
1.) Schlechte Sicht aus dem Fahrzeug.
2.) Schlechte Schießergebnisse aus der Bewegung.
3.) Schwierige Befehlsübermittlung.
4.) Teures, schwieriges Gerät (Ausbildung).

Vorteile der Panzerabwehrkanone.
1.) Niedriger Aufbau, daher gute Tarnung (bietet kleines Ziel).
2.) Einfach in der Bedienung (Richtmittel, direktes Richten).
3.) Ruhige, sichere Schußabgabe bei großem Seitenrichtfeld und hoher Feuergeschwindigkeit.

Nachteile der Panzerabwehrkanone.
1.) Gegen alle Waffen zum Teil ungeschützt.
2.) Keine sofortige Feuerbereitschaft aus der Bewegung.
3.) Nur beschränkt geländegängig.

Kampfweise der Panzerkampfwagen.
1.) Müssen gedeckt heran und vor dem Angriff bereitgestellt werden, um Gefechtsform einzunehmen und Betriebsstoff zu ergänzen.
2.) Brechen überraschend in Gefechtsform (in mehreren Treffen) vor.
3.) Feuer und Bewegung (erst große Geschwindigkeit um 24 km, gute Trefferergebnisse bei 8 bis 12 km Geschwindigkeit und ab 300 m und weniger Entfernung). Beste Trefferergebnisse aus der Deckung im Stehen (der Panzerturm reicht gerade über die Deckung).
4.) Geschützpanzerkampfwagen überwachen das Vorbrechen der leichten Panzerkampfwagen.
5.) Suchen Panzerabwehrkanonen von zwei Seiten zu umklammern.

Kampfweise der Panzerabwehrkanone. Einsatzmöglichkeiten.
1.) Feste, verdeckte Feuerstellung (Deckung und Feuerstellung liegen dicht zusammen).
2.) Erkundete Feuerstellung aus einer aufgeprotzten Bereitstellung.
3.) Überraschender Einsatz.
4.) Straßensicherung (Sperren, Offenhalten).
5.) Marschsicherung.

B. Hauptkampfarten.

Folgende Hauptkampfarten sind von Wichtigkeit für den Einsatz von Panzerabwehreinheiten:
1.) Marsch.
2.) Angriff.
3.) Abwehr:

a) Verteidigung,
b) Hinhaltender Widerstand.

Hierzu gehören noch Erläuterungen über die Begriffe des Sperrens und des Offenhaltens.

C. Unterweisung im Erkennen der Merkmale von eigenen und fremden Panzerfahrzeugen, ihrer Kampfweise und Bekämpfung.

Die Vorschrift sagt, daß der Panzerabwehrschütze nicht mehr die Panzerfahrzeuge fremder Länder zu kennen braucht. Er soll vor allem alle deutschen Panzerfahrzeuge kennen, die einheitlich mit einem weißen Balkenkreuz gekennzeichnet sind.

Morgengrauen, Nebel und große Entfernungen behindern aber oft das genaue Ansprechen der Kampfwagen, und da viele ausländische Kampfwagen ähnliche Merkmale wie unsere eigenen aufweisen, ist es sehr wichtig, diese hauptsächlichen Typen zu kennen. Der Unterricht muß daher besonders eingehend behandelt werden. Ein jeder Pakschütze muß wissen, was geländegängig ist, was Raupenfahrzeuge, was Räderfahrzeuge, was Räder-Raupenfahrzeuge, was Halbkettenfahrzeuge sind, er muß die Unterschiede zwischen Panzerkampfwagen, Panzerspähwagen und Panzertransportwagen in ihrem Einsatz kennen und muß die Leistungsfähigkeit all dieser Fahrzeuge beherrschen.

Der Unterricht über Panzerkampffahrzeuge müßte folgendermaßen vor sich gehen: Als erstes werden die verschiedenen Arten von Panzerkampffahrzeugen und ihre Leistungen erklärt, ohne dabei auf die ausländischen Typen besonders einzugehen. Leistungen und Merkmale sämtlicher eigenen Kampfwagen bilden hierbei die Grundlage. Wenn diese Begriffe sitzen, werden die Merkmale der ausländischen Kampfwagen erklärt.

Hierzu geben D 87 und die Panzer-Abwehr-Tafeln: Ausländische Panzerkampfwagen (Verlag „Offene Worte") eine gute Unterlage für den Unterricht. Allerdings scheint es schwierig, alle auf diesen Tafeln angegebenen Panzerfahrzeuge (insgesamt 34 verschiedene Typen) den Panzer-Abwehr-Schützen beizubringen. Deshalb hat der Verfasser aus den 34 Panzer-Abwehr-Tafeln nur 10 der wichtigsten Panzerkampfwagen herausgenommen, die weniger wichtigen und sämtliche Panzerspähwagen aber zurückgestellt.

Diese 10 Kampfwagen sind:

Bild 1: Frankreich 11 t Kampfwagen — Renault = D. 1 1935 (Tafel 2).
Bild 2: „ 6 t Kampfwagen — Renault = A.M.R. 1934 (Tafel 3).
Bild 3: „ 74 t Durchbruchskampfwagen = 3 C (Tafel 4).
Bild 4: England 1,7 t Kleinkampfwagen — Carden Lloyd = Wk. VI (Tafel 5).
Bild 5: „ 3,6 t Kampfwagen = Mk. II 1932 (Tafel 6).
Bild 6: „ 16 t Vickers-Kampfwagen = M 1935 (Tafel 9).
Bild 7: Rußland 3,2 t Sowjet-Schwimmkampfwagen (Tafel 12).
Bild 8: „ 6 t Vickers-Armstrong-Geschützkampfwagen = T 26 Tafel 14).
Bild 9: „ 10,2 t Christie-Schnellkampfwagen = M. 1934 (Tafel 15).
Bild 10: „ 33 t Schwerer Sowjet-Kampfwagen = M II (Tafel 17).

Die nachstehenden Bilder sind so angeordnet, daß jedesmal — wenigstens ungefähr — Längen-, Breiten- und Luftansicht der betreffenden Panzerkampfwagen gezeigt wird.

Bild 1.

Frankreich.
Mittlerer Panzerkampfwagen.
11 t-Kampfwagen-Renault-D. 1 1935.

Bild 2.

 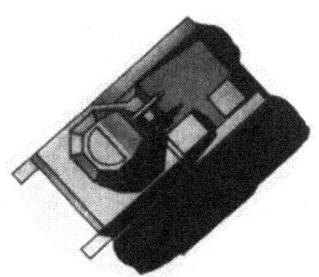

Frankreich.
6 t-Kampfwagen-Renault-A.M.R. 1934.

Bild 3.

Frankreich.
Schwerer Panzerkampfwagen.
74 t-Durchbruchskampfwagen-3 C.

Bild 4.

England.
Kleinkampfwagen.
1,7 t-Kleinkampfwagen-Carden-Lloyd-Mk. VI.

Bild 5.

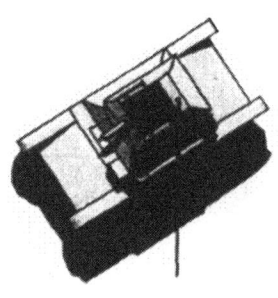

England.
Leichter Panzerkampfwagen.
3,6 t-Kampfwagen-Mk. II 1932.

Bild 6.

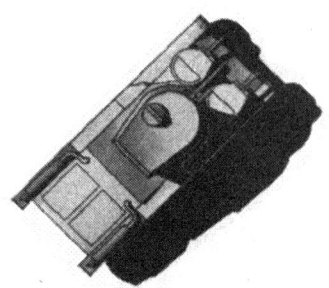

England.
Mittlerer Panzerkampfwagen.
16 t-Vickers-Kampfwagen M. 1935.

Bild 7.

 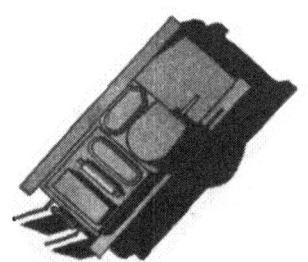

Rußland.
Leichter Panzerkampfwagen.
3,2 t-Sowjet-Schwimmkampfwagen.

Bild 8.

Rußland.
Leichter Panzerkampfwagen.
6 t-Vickers-Armstrongs-Geschützkampfwagen T. 26.

Bild 9.

 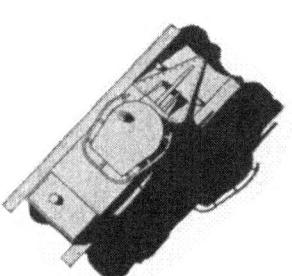

Rußland.
Mittlerer Panzerkampfwagen.
10,2 t-Christie-Schnellkampfwagen M. 1934.

Bild 10.

Rußland.
Schwerer Panzerkampfwagen.
33 t-Sowjet-Kampfwagen M. II

VIII. Geschützunterricht.

Der Unterricht über die Pak wird meist so gehandhabt, daß dem Rekruten die einzelnen Teile eingehämmert werden. Der Rekrut lernt diese Teile mit den dazugehörigen Sätzen auswendig und behält sie bis zur Rekrutenbesichtigung. Wenn ihm aber bei der Gefechtsausbildung zugerufen wird: „Der Verschluß läßt sich nicht öffnen, was ist die Ursache?", ist es aus mit seinem Latein.

Die Unterlage für Beseitigung von Hemmungen, deren Verhütung usw. ist der Geschützunterricht. Hier muß dem Rekruten das Zusammenwirken der einzelnen Teile klargemacht werden. Der Ausbilder stellt Fragen, der Rekrut beantwortet sie kurz. Hierbei ist es gleichgültig, ob der Rekrut genau dieselben Ausdrücke und Beschreibungen gebraucht wie die Vorschrift. Wesentlich ist, daß der Rekrut in seiner Sprache das Zusammenwirken der einzelnen Teile erklären kann. Nach und nach werden ihm die richtigen Ausdrücke beigebracht.

Die Fragen, die im folgenden aufgeführt sind, sollen Anregungen darstellen, wie der Ausbilder beim Geschützunterricht vorgehen kann.

Was ist das für eine Waffe, die vor Ihnen steht?
Was wissen Sie über die Pak?
Warum hat sie ein großes Seitenrichtfeld?
Wie groß ist das Seitenrichtfeld?
Und wie ist das Richtfeld nach oben und nach unten?
Was wissen Sie über die Feuerhöhe der Pak?
Wie schwer ist die Pak?
Wie wird die Pak fortbewegt?
Welche Räder haben wir an der Pak?
Wie groß ist das Kaliber?
Was wissen Sie über die Anfangsgeschwindigkeit?
Was bewirkt die Anfangsgeschwindigkeit?
Welches sind die Hauptteile der Pak? 1., 2., 3., 4., 5.
Was gehört zum Zubehör?
Aus welchen Teilen besteht das Rohr?
Aus welchen Teilen besteht das Innere des Seelenrohres?
Welche Aufgabe hat der Ladungsraum?
Welche Aufgabe hat der Übergangskegel?
Was wissen Sie über den gezogenen Teil?
Wie ist der Drall?
Warum ist er so?
Wie nennt man das Ende des Seelenrohres?
Zu was dient die Erhöhung?
Wie kann man feststellen, daß sich Seelenrohr und Mantelrohr verdreht haben?
Aus welchen Teilen besteht das Mantelrohr?
Was befindet sich am zylindrischen Teil?
Welche Aufgabe haben die Rohrklauen?
Was ist in die Rohrklauen eingesetzt?
Was wird dadurch erreicht?
Was ist an jeder Seite der Rohrklauen angebracht?

Was befindet sich an beiden Seiten des Mantelrohres?
Was befindet sich am rechten Schutzblech?
Welche Aufgabe hat das Rohrbodenstück?
Wodurch wird der Verschlußteil gesichert?
Was befindet sich in der oberen Führungsrinne?
Was befindet sich in der unteren Führungsrinne?
Was befindet sich auf dem Rohrbodenstück?
Was befindet sich an der Stirnfläche des Rohrbodenstückes?
Was für einen Verschluß haben wir an der Kanone?
In was läuft das Rohrbodenstück nach unten aus?
Welche Aufgabe hat der Rohrhalter?
Welche Aufgabe hat die Rohrkupplung?
Welche Teile gehören zur Rohrkupplung?
Wie erfolgt die Abfeuerung?
Welche Teile gehören zur Betätigung des Verschlusses? 1., 2., 3., 4.
In welche Gruppen gliedert sich der Verschluß mit Inneneinrichtung?
Welches sind die Teile der Spann= und Abzugsvorrichtung?
Welche Teile gehören zur Sicherung?
Was befindet sich noch am Verschlußteil?
Welche Teile befinden sich in und am Rohrbodenstück?
Welche Teile gehören zur Abzugsvorrichtung am Rohrbodenstück?
Welche Teile sind an der Rohrwiege angebracht?
Welche Teile sind an der Höhenrichtmaschine angebracht?
Wie bekommen sie den Verschlußteil aus dem Rohrbodenstück?
Welche Teile entnehmen Sie dann dem Verschlußteil?
Welche Aufgabe hat der Knopfbolzen?
Auf was haben Sie beim Herausnehmen zu achten?
Welche Tätigkeit folgt nun?
Es folgt das Auseinandernehmen des Verschlußteils mit Erklärungen der Tätigkeiten der einzelnen Teile ... und so fort.

IX. Anleitung für die Reinigung der Pak.

Das einwandfreie Arbeiten der schieß= und fahrwichtigen Teile einer Waffe und die Gewähr einer guten Schießleistung ist von ganz besonderer Wichtigkeit. Aus diesem Grunde ist auf ihre Pflege mit größter Sorgfalt zu achten. Viele Fehler, welche besonders am Verschlußstück und an den Richtmaschinen auftreten, sind auf unsachgemäße Behandlung und schlechte Reinigung zurückzuführen und lassen sich daher vermeiden.

Die bei ungenügender Reinigung zurückbleibenden Reste von Schmutz (Staub und Sand) verursachen zwischen den gleitenden Teilen übermäßige Abnutzung und rufen sogar Pressungen hervor, so daß Hemmungen an der Waffe entstehen.

Der Geschützführer und die Bedienung der Pak müssen so weit ausgebildet sein, daß sie kleinere Störungen erkennen und ohne viel Zeitverlust auch in der Feuerstellung sofort abstellen können. Die Bedienung muß wissen, wie die im Zubehör= und Ergänzungskasten untergebrachten Teile eingebaut werden.

Werden die Geschütze nicht benutzt, sind sie in einem trockenen Raum unter=zustellen. Mündungskappe und Verschlußüberzug abgezogen, sämtliche un=

gestrichenen Teile leicht eingefettet. Das Rohr ist waagerecht zu stellen, der Verschluß bleibt geschlossen. Die Pak ist entspannt.

Die Reinigung der Pak richtet sich im allgemeinen nach der dienstlichen Beanspruchung.

Man unterscheidet daher eine Reinigung nach dem Exerzieren (A), nach dem Schießen (B), eine gründliche Reinigung nach größeren Übungen (C).

Als Reinigungsmittel finden Verwendung:

Spindelöl zum Ölen mit der Ölspritzkanne, dem Wischer oder Lappen, Staufferfett zum Fetten der Lagerstellen mit Fettpresse, Vulkanöl und Petroleum zum Reinigen und Auflösen von Rostbildung.

Außerdem: wollene und leinene Lappen, Holzstäbchen, wie zu Gewehr 98 k, Putzwolle, Schwamm und Wasser.

A. Reinigung nach dem Exerzieren.

Diese Reinigung erstreckt sich im allgemeinen auf die Beseitigung von Staub, Schmutz und Feuchtigkeit. Ein Auseinandernehmen des Verschlusses ist nicht immer nötig. Die blanken Teile sind abzuwischen und mit Spindelöl oder Staufferfett wieder leicht einzufetten. Geringe Rostbildung, die besonders bei feuchter Witterung in Erscheinung tritt, ist mit Vulkanöl oder Petroleum zu entfernen. Die Verwendung von Sand oder anderen Putzmitteln zur Beseitigung von Rost ist verboten. Fest anhaftender Schmutz an den Rädern und den gestrichenen Lafettenteilen ist mit einem wassergetränkten Schwamm oder Lappen zu beseitigen. Abspritzen der Pak mittels Wasserschlauches ist verboten.

Die Lagerstellen sind mit der Fettpresse zu fetten und alle gleitenden Teile mit der Ölspritzkanne zu ölen.

B. Reinigung nach dem Schießen.

Der Verschluß wird aus dem Rohrbodenstück herausgenommen und die Teile ausgebaut, mit Ausnahme von Stahlfutter und Auswerfernocken. Alle Teile werden auf einen sauberen Lappen gelegt. Der umklappbare Stirnschild kann dabei als Auflage dienen.

Das Auseinanderwerfen der Teile ist zu vermeiden. Das Zerlegen des Verschlusses muß jedem Schützen geläufig sein.

Zum Reinigen der im Verschlußteil befindlichen Bohrungen sind Holzstäbchen, die mit Werk, Lappen oder Putzwolle umwickelt sind, zu verwenden. Reinigen mit einem Gegenstand aus Metall ist verboten. Alle Teile werden nach dem Reinigen leicht eingeölt. (Lappen oder Pinsel verwenden.) Nicht mit dem blanken Finger einölen. (Schweißansatz-Rostbildung.)

Der zur Reinigung des Rohres zugehörige Wischerkolben ist bei abgenutzten Borsten mit einem in Spindelöl getränkten Lappen zu umwickeln. Dabei sind nur saubere Lappen zu verwenden (unsaubere Lappen verursachen Kratzstellen im Rohrinnern). Erhärtete Rückstände im Rohr dürfen nur in der Waffenmeisterei entfernt werden. Die Einführung des Wischerkolbens erfolgt von der Mündung aus, das Rohr ist dabei waagerecht zu kurbeln.

Besondere Sorgfalt ist auf die Gleitflächen der Seitenrichtmaschine zu legen (bei alten Geschützen), Zahnbogen, Ritzel der Höhenrichtmaschine. Dieselben sind nach Reinigung gut zu fetten. Das Bajonettstück am Rohrhalter zeigt leicht starke Rostnarben und ist daher gut einzufetten.

Der Anstrich der Pak darf nicht mit Öl, Petroleum oder Kraftstoff behandelt werden. Grund: Farbe geht ab, bei Sonnenschein glänzt die Pak. Außerdem haftet der Staub besser an den gestrichenen Stellen (Tarnung).

Nach dem Reinigen sind alle Ölstellen, besonders die der Schwingachsen, gut einzuölen.

Die Räder der Pak sind nach längerer Fahrt und vor größeren Übungen abzuschmieren.

C. Gründliche Reinigung.

Eine gründliche Reinigung der Geschütze hat nach Beendigung der Übungen auf dem Truppenübungsplatz, nach den großen Herbstübungen und bei Ausführung größerer Instandsetzungen, die ein Zerlegen des Geschützes bedingen, zu erfolgen.

Die Reinigung erfolgt in der Waffenmeisterei unter Aufsicht des Waffenmeisters.

X. Hemmungen beim scharfen Schuß der Pak und deren Beseitigung.

Jede Geschützbedienung muß wissen, welche Hemmungen sie selbst beseitigen kann, wie sie beseitigt werden, und muß auch wissen, welche Hemmungen nur vom Waffenfeldwebel behoben werden können. In den Unterricht über Hemmungen ist auch der Unterricht über das Justieren im Gelände, das Justieren mit Gerät 35 und das Dejustieren beim Schießen mit dem Kleinkalibergerät einzubeziehen. Nach der H.Dv. 393 müssen sämtliche Offiziere und Unteroffiziere das Geschütz im Gelände justieren können. Im nachstehenden sind die Hemmungen und ihre Beseitigung aufgeführt:

I.) Äußeres Merkmal.

Verschluß läßt sich nicht öffnen.

Ursache	Abhilfe	Durch wen?
1) Stahlfutter lose	Gegenlager, Schlagbolzenfeder und Schlagbolzen herausnehmen, Stahlfutter mit Schlüssel für Stahlfutter anziehen.	Waffenmeister oder Waffenmeistergehilfe
2) Verschlußteil im Bodenstück verschmutzt (klemmt)	Wenn Sicherungsstück nach innen getreten, mit linker Hand am Öffnergriff ziehen, mit der rechten Hand mittels Holzgegenstand (Hammer-, Spatenstiel usw.) gegen den Verschlußteil schlagen. Läßt sich der Verschlußteil hierdurch nicht öffnen, muß der Waffenmeister bzw. Waffenmeistergehilfe Instandsetzung vornehmen.	Bedienung

II.) Äußeres Merkmal.

Rohr geht nicht vor.

Ursache	Abhilfe	Durch wen?
1) Gleitfläche der Rohrwiege verschmutzt	Rohrkupplung an der Rohrwiege bis zum Anschlag nach links drehen. Rohr abziehen, ölen und Rohr wieder aufziehen, Rohr mit Rohrkupplung in alte Stellung bringen.	Bedienung
2) Lahme Vorholfedern	Nach jedem Schuß Rohr mittels Hand vorschieben, auf Rücklaufmesser achten.	Bedienung
	Nach Beendigung des Schießens Federn auswechseln.	Waffenmeistergehilfe

III.) Äußeres Merkmal.

Beim Abziehen geht der Schuß nicht los.

Ursache	Abhilfe	Durch wen?
1) Zu leichtes Durchdrücken des Bowdenabzuges	Abzugsgriff herandrücken, Schlagbolzen spannen, jedoch ohne Eindrücken des Sicherungsstückes, Bowdenabzug scharf durchdrücken.	Bedienung
2) Die Handradabfeuerung löst den Schlagbolzen nicht aus		Waffenmeister
3) Schlagbolzenspitze ist zu kurz oder abgebrochen.	Schlagbolzen B aus dem Zubehörkasten einstellen.	Bedienung
4) Schraubendruckfeder für Schlagbolzen lahm oder gebrochen	Neue Schraubendruckfeder aus dem Ergänzungskasten entnehmen und einstellen.	Bedienung
5) Verschlußabstand zu groß		Waffenmeister

IV.) Äußeres Merkmal.

Hülse wird nicht ausgeworfen.

Ursache	Abhilfe	Durch wen?
1) Auswerfer gebrochen	Neuen Auswerfer aus dem Ergänzungskasten entnehmen und einstellen.	Bedienung
2) Hülsenreißer	Verschluß öffnen und am Öffnergriff festhalten. Hülse mit der Wischerstange ausstoßen.	Bedienung

V.) Äußeres Merkmal.

Zielfernrohr lockert sich beim Schießen.

Ursache	Abhilfe	Durch wen?
1) Klemmschraube am Fernrohrträger nicht angezogen	Klemmschraube anziehen.	Schütze 1
2) Die Backen des Klemmstückes sind abgenutzt, so daß trotz angezogener Klemmschraube das Fernrohr nicht festsitzt.		Waffenmeister

VI.) Äußeres Merkmal.

Zielfernrohr bleibt stehen beim Nehmen der Höhenrichtung.

Ursache	Abhilfe	Durch wen?
1) Fernrohrträger klemmt mit seinem Hebel im Visierträger	Fernrohrträger ölen.	Bedienung
2) Lenkerstange klemmt	An den Gelenkköpfen ölen.	Bedienung

XI. Anregungen für die Fahrerausbildung einer Panzerabwehrkompanie.

Die hochwertigen und technisch nicht einfachen Kraftfahrzeuge bei der Truppe können ihren Zweck nicht erfüllen, wenn sie nicht dauernd und sorgsam überwacht werden. Ohne gut ausgebildete Fahrer, sorgfältige Pflege sowie Instandsetzungen in der Ruhe und auf dem Marsch hat eine Pak-Kompanie schon nach wenigen Einsatztagen ihren Kampfwert verloren. Je gepflegter die Kraftfahrzeuge und je besser die Ausbildung der Fahrer, desto stärker ist der Kampfwert einer motorisierten Einheit.

Die Ausbildung der Fahrer erfolgt gleich nach der Einzelausbildung. Zweckmäßig ist es, schon während der Einzelausbildung wöchentlich zweimal je eine Stunde einen technischen Unterricht anzusetzen. Er hat erstens den Vorteil, daß es schon einen Überblick gibt, welche von den Rekruten eine technische Veranlagung haben und als Fahrer in der Kompanie verwendet werden können, zweitens, daß die Fahrlehrer sich nach einem Jahr Ruhepause wieder langsam in ihre Aufgabe als Fahrlehrer einarbeiten.

Die Einteilung der Fahrschulen erfolgt dann so, daß man Leute mit Zivilführerschein und Leute ohne Führerschein zusammenfaßt und in einzelne

Schulen aufteilt. Für die gesamten Fahrschulen wird ein Dienstplan aufgesetzt, um einen geregelten Fahrschulbetrieb zu erhalten. Die Aufsicht über sämtliche Fahrschulen wird dem ältesten Fahrlehrer (Feldwebel) übertragen. Er ist verantwortlich für die gesamte Fahrschulausbildung. Zweckmäßig ist es, verschiedene Fahrschulstrecken einzuteilen, auf denen die Fahrschulen üben. Hierdurch ist der Aufsichthabende jederzeit in der Lage, seine Fahrschulen zu kontrollieren. Nach der Fahrschulausbildung werden die besten Fahrer herausgesucht und als Fahrer eingeteilt. Die weniger guten und noch nicht ganz sicheren Fahrer werden als Reservefahrer eingeteilt und ihnen dann Gelegenheit gegeben, durch öfteren Fahrerwechsel sich ihre gut fahrenden Kameraden als Vorbild zu nehmen und diesen nachzueifern. Fahrer und Reservefahrer werden dann weiter ausgebildet im Fahren in der Kolonne (Abstände, wenden, Fliegerdeckung) auf Straßen und im Gelände. Werden hierbei Fehler gemacht, so ist es zweckmäßig, gleich an Ort und Stelle alle Fahrer zusammenzurufen und den Fehler im Beisein aller zu besprechen. (Aufsicht hierbei ältere Unteroffiziere, die nicht Fahrlehrer zu sein brauchen.)

Grundsätzlich ist sämtlichen Fahrern scharfes Wenden und Zurücksetzen des Fahrzeuges mit angehängtem Geschütz zu verbieten, da die Sporen der Geschütze dabei entzweigehen.

Weiterhin kommt es immer wieder vor, daß Fahrer, die unterwegs eine Panne beseitigen wollen, sämtliche Werkzeugkästen (beim Protzkw. sind es 4) ihres Fahrzeuges nach dem passenden Werkzeug durchstöbern. Es empfiehlt sich, einen Werkzeugplan für sämtliche Arten von Fahrzeugen aufzustellen und von den Fahrern zu verlangen, daß sie 1. wissen, wo die verschiedenen Arten des Werkzeuges liegen, und 2. daß sie das Werkzeug immer in demselben Kasten aufbewahren.

Werkzeugverteilung für einen l. gel. Protzkw. (Kfz. 69).

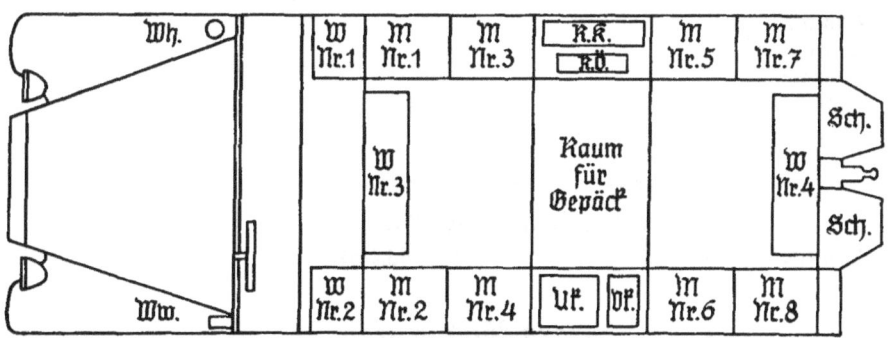

Zeichenerklärung:

Ww. Wagenwinde
Wh. Wagenheber
Uf. Unterlegklotz
W. Werkzeugkasten

M. Munitionskasten
Vk. Verbandskasten
Sch. Kasten für Schneeketten

RK. Reservekanister Kraftstoff
RÖ. Reservekanister Öl

Inhalt des Werkzeugkastens Nr. 1.
Zubehör und Vorratssachen.

1 Kanister für Petroleum
4 Zündkerzen

1 Holzkasten mit Düsen
1 Eisendraht

1 Entlüfterschlauch
1 Entlüfterschlüssel
1 Büchse Isolierband
1 Autopilz
1 Voltmesser
1 Schachtel Ventileinsätze
1 Radabzieher

1 Schmirgelleinewand
2 Dichtungen für Zylinderkopf
3 Ventile
1 Büchse für Schrauben
1 Büchse für Talkum
1 Büchse Schmirgel
1 Büchse Staufferfett

Inhalt des Werkzeugkastens Nr. 2.
Werkzeug.

1 Brustleier
2 Aufzieheisen
1 Schlüssel für Achsmuttern
1 Schlüssel für Radkappen
1 Hakenschlüssel für Kupplung
1 Luftdruckmesser
1 Hammer
2 Schraubenzieher
1 Waschpinsel
1 Zündkerzenbürste
4 Schlüssel, Chrom
1 Kombinationszange

1 Gaszange
1 Vorschneider
1 Meißel
2 Durchtreiber
1 verstellbarer Schraubenschlüssel
1 Handfeilkloben
6 Steckschlüssel
1 Drehstift
2 Feilen
1 Hochdruckfettpresse
1 Ölpresse

Inhalt des Werkzeugkastens Nr. 3.
Noch Zubehör und Vorratssachen.

3 Parteiabzeichen
1 Bremsflüssigkeit
1 Trichter
1 Andrehkurbel
1 Ölkanne
1 Handlampe
4 Abblendkappen

1 Beutel mit Putzwolle
1 Büchse Dichtungen
1 Wagenwaschbürste
1 Schwamm
1 Lederlappen
1 Handluftpumpe

Inhalt des Werkzeugkastens Nr. 4.
Noch Zubehör und Vorratssachen.

1 Frontsteckpumpe

1 Abschleppseil

XII. Anregungen für den technischen Dienst einer Panzerabwehrkompanie.

Der techn. Dienst wird vom Führer der Einheit festgesetzt. Die Aufsicht beim techn. Dienst hat ein Offizier oder Schirrmeister, ihnen zur Seite stehen die Hallenmeister.

Das Ansetzen des techn. Dienstes, die benötigte Zeit und seine Wiederholung richtet sich nach der Benutzung der Kraftfahrzeuge. Der techn. Dienst hat den Zweck, die Kraftfahrzeuge gründlich zu säubern und die während der letzten Fahrt aufgetretenen und festgestellten Fehler abzustellen. Der techn. Dienst hat aber nur dann Zweck und Erfolg, wenn er richtig gehand=

habt wird. Es ist zwecklos, die ganze Kompanie auf die einzelnen Fahrzeuge zu verteilen, denn nicht vollbeschäftigte Leute halten die andern nur von der Arbeit ab.

Alle in den Fahrzeughallen abgestellten Kraftfahrzeuge müssen voll getankt sein und ihren richtigen Ölstand haben, d. h. alle Kfz. müssen sofort nach einer Fahrt wieder voll aufgetankt werden. Es ist zweckmäßig, daß an der Tankstelle eine Kontrolle über das Reinigen der Luftfilter durchgeführt wird. Es wird kein Wagen getankt, der nicht seinen Luftfilter gereinigt dem Tankwart vorzeigt.

Für jede Fahrzeughalle ist ein techn. gut ausgebildeter Unteroffizier als Hallenmeister einzuteilen. Diese sind verantwortlich für die Einhaltung der Hallenordnung, für Abstellung kleiner Störungen und haben bei der Instandsetzung die Fahrer zu belehren und die Instandsetzung zu überwachen. Es ist zweckmäßig, daß sich die Hallenmeister für die in ihren Hallen untergebrachten Kfz. eine Liste anlegen und so an Hand dieser Liste die Ölwechsel im Motor, Wechselgetriebe, Zusatzgetriebe, Ausgleichsgetriebe und Kardangelenke überwachen.

Die Hallenmeister legen die beim techn. Dienst auszuführenden Arbeiten von Tag zu Tag fest. Nur nach Rückkehr von einer Übung oder auf dem Übungsplatz darf ihre Arbeitsangabe allgemein „Fahrzeuge in Ordnung bringen" lauten. Bei jedem anderen techn. Dienst müssen die Hallenmeister bei der Durchführung der Arbeiten planmäßig vorgehen, d. h. neben der allgemeinen Fahrzeugpflege besonders angegebene Teile gründlich nachprüfen und pflegen zu lassen. Hierbei überzeugt sich der Hallenmeister persönlich vom Zustand dieser Teile und überwacht peinlichst genaue Durchführung der von ihm gegebenen Weisungen.

Aus den Kompanien werden für jeden Hallenmeister ein gelernter und guter Autoschlosser herausgesucht. Diese erhalten die Aufgaben, kleine Instandsetzungen, wie Nachstellen der Kupplung, Auswechseln von Dichtungen, Nachsehen der Lichtanlage auszuführen, um die Werkstatt mit diesen kleinen Instandsetzungen nicht zu überlasten. Zu dem Zweck erhalten diese Leute eine Werkbank mit Schraubstock und einen Satz Schlosserhandwerkzeug.

Größere Instandsetzungen werden der Werkstatt zugeführt. Hierbei ist dem Fahrzeug das Werkzeug zu entnehmen und der Betriebsstofftank zu entleeren. Der Fahrer, der das Kfz. übernommen hat, geht mit in die Werkstatt und hilft bei der Instandsetzung seines Kfz. Hierdurch wird dem Fahrer Gelegenheit gegeben, sich mit seinem Kfz. noch vertrauter zu machen. Denn je besser ein Fahrer sein Kfz. kennt, um so leichter wird es ihm fallen, kleine Instandsetzungen auch auf dem Marsch schnell auszuführen.

Nach jeder Fahrt ist es sehr wichtig, daß die Hallenmeister bei allen Kfz. (vor allem bei Kfz. 69) die Kupplungen auf ihr Spiel prüfen und durch ihre Schlosser nachstellen lassen, denn eine nicht nachgestellte Kupplung hat auf der Fahrt den Ausfall des Kfz. zur Folge. Das Kfz. muß abgeschleppt werden, und eine größere Instandsetzung, die viel Zeit in Anspruch nimmt, ist der Erfolg. Es muß auch immer darauf hingewiesen werden, daß das Kupplungspedal keine Fußbank ist.

Die Pflege der Bereifung muß dem Hallenmeister eine der größten Aufgaben sein. Täglich hat er von den Fahrern Luftdruck zu prüfen und die Reifen nach Durchschlägen, Rissen oder eingefahrenen Nägeln absuchen zu lassen. Öl und Betriebsstoff sind die größten Feinde der Bereifung.

Die Sammler der Motorräder sind regelmäßig alle 14 Tage, die der Kraftwagen alle 4 Wochen im Beisein des Hallenmeisters zu überprüfen. Das Aufladen der Sammler in der Ladestation erfolgt erst nach Entleerung der Sammler.

Auch hier ist es angebracht, daß der Hallenmeister eine Sammlerprüfliste führt. Die Batterieanschlüsse sind gut zu reinigen, fest anzuziehen und leicht einzufetten.

Das Anlassen der Kfz. 69, besonders im Winter und in einer ungeheizten Halle, machen den meisten Fahrern noch große Kopfzerbrechen, denn es ist doch so, daß zuerst auf den Starter gedrückt wird, bis die Batterie leer geworden ist, und dann erst angefangen wird, die Ursache des Nichtanspringens zu suchen. Auch hier ist es wieder Aufgabe der Hallenmeister, das Anlassen der Kfz. zu überwachen. Auch wenn es noch so eilig ist, haben sich die Fahrer beim Anlassen der Kfz., besonders im Winter, gegenseitig zu helfen. Als erstes hat sich der Fahrer davon zu überzeugen, ob der Betriebsstoffhahn geöffnet ist und auch der Vergaser mit Brennstoff gefüllt ist (nicht überlaufen lassen). Alsdann setzt sich der Fahrer in den Wagen, zieht die Starterklappe, drückt den Schaltschlüssel richtig rein und tritt die Kupplung ganz aus. Sein Kamerad vom anderen Wagen hat sich mit der Andrehkurbel bewaffnet, und nun wird zu gleicher Zeit gestartet und gedreht. Hierbei wird einmal die Batterie nicht überlastet, der Motor wird in schnellere Umdrehungen versetzt, und der Erfolg ist, daß der Motor anspringt. Durch Einstellen des Handgashebels kann man den Motor nun warm laufen lassen. In dieser Zeit unterstützt der Fahrer des schon laufenden Kfz. seinen Helfer, dessen Wagen in Betrieb zu setzen.

Durch besondere Stichproben an den einzelnen Fahrzeugen, die in ihrer Art immer wieder abwechseln müssen, muß sich der Hallenmeister laufend vom Zustand seiner Kfz. überzeugen. Auf diese Weise merkt der Soldat, daß seine Arbeiten unter ständiger Kontrolle stehen, und wird dementsprechend auch gewissenhaft arbeiten.

Technische Appelle.

Um sicher zu sein, daß bei einem Appell alle Teile der Kfz. kontrolliert werden, empfiehlt es sich, die Unteroffiziere der Kompanie heranzuziehen. Jeder von ihnen bekommt einen Zettel in die Hand gedrückt, auf dem steht, welche Teile des Kfz. er zu prüfen hat. Der Kompaniechef und der Rekrutenoffizier machen in der Zeit Stichproben. Auffallende Mängel werden durch die prüfenden Unteroffiziere sofort aufgenommen und am Schluß des Appells im Original abgegeben.

Anlage 1.

Plan für das Entfernungs- und Geschwindigkeitsschätzen.

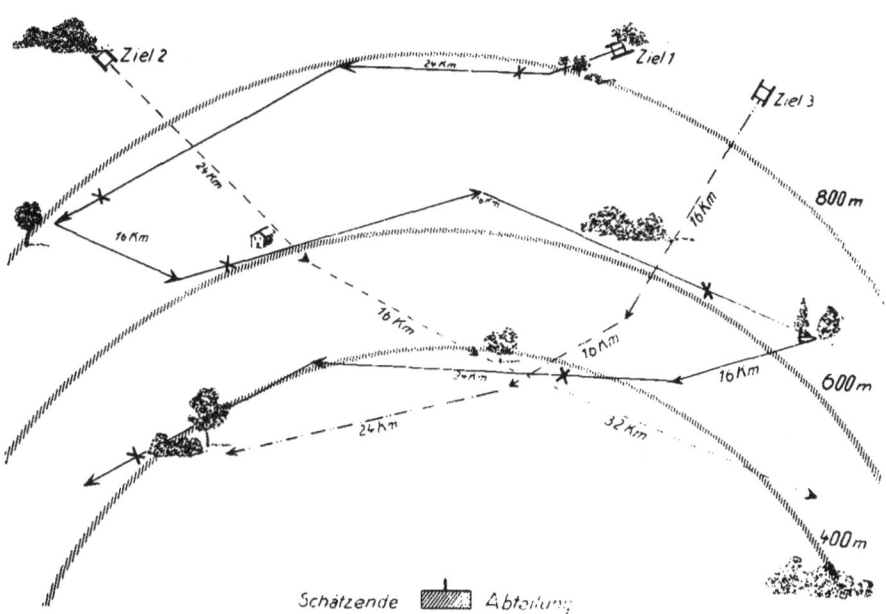

Anlage 2.

............Zug   Zugführer............

1.) Bei welcher Entfernung wurden die Ziele im Zielabschnitt des Zuges erkannt?
2.) Bei welcher Entfernung wurde das Feuer eröffnet?
3.) Wer hat das Feuer ausgelöst?
4.) Zeit des Feuerkampfes?
5.) Geschwindigkeit der Ziele?
6.) Verschossene Munition des Zuges?
7.) Wie hatte der Zugführer Einfluß auf den Feuerkampf des Zuges?
8.) Gezogene Ziele?
9.) Getroffene Ziele?
10.) Treffer?

Schiedsrichter.

Anlage 3.

Geschütz-Nr....... Zug......

Nach Beendigung des Schießens:

1.) Wie hat der Richtschütze angehalten?
2.) Welches waren die häufigsten Zielfehler?
3.) Gründe dafür?
4.) Munitionszufuhr?
   a) Schütze 2:
   b) Schütze 3:
     (Munitionsmeldung)
5.) Beobachtung:
   a) Schütze 3:
   b) Schütze 4:
6.) Feuerleitung durch Geschützführer oder durch Richtschützen.

Schiedsrichter.

Ziel	Schußzahl	Sitz des Schusses	Steh.	Fahrd.	Zeit	Entfernung
1						
2						
3						
4						
5						
6						
7						
8						
9						
10						
11						
12						

Anlage 4.

Sicherheitsbestimmungen.

Die Sicherheitsbestimmungen erstrecken sich auf das Schießen mit Schießgerät 35 auf dem M.G.-Stand, auf das Schießen mit Zielmunition auf dem Kleinschießplatz und auf das Schießen im Gelände.

1. **Allgemeines:** Am Geschütz befindet sich nur die schießende Bedienung nach Nr. 41 der D 140. Beim Schießen mit Kleinkalibergerät können zum Erreichen einer kriegsmäßigen, schnelleren Feuerfolge noch 1 bis 2 Schützen zugeteilt werden, die nach dem Schuß das Kleinkalibergerät auffangen und das Entfernen der abgeschossenen 5,6 mm-Patronenhülse aus dem Einstecklauf und das Einführen der 5,6 mm-Patrone in den Einstecklauf erledigen.

Bei **jedem** Schießen auf dem Kleinschießplatz überzeugt sich der Leitende davon, daß das Geschütz mit den Rädern zwischen den Begrenzungsleisten steht und daß sich das Rohr mit dem Ring, der aus Tarnungsgründen nicht mehr aus weißer Farbe, sondern dunkelfarbig zu halten ist und der 350 mm von der Mündung entfernt liegt, innerhalb der Blende befindet.

Der Patronenausgeber, der Schreiber und die zum Dienst an der Scheibe eingeteilten Soldaten (D 140 Nr. 48 und 54) haben ihren Platz rechts bzw. links rückwärts vom Geschütz.

Die nicht unmittelbar am Schießen beteiligten Soldaten bleiben mindestens 15 Schritt hinter dem Geschütz.

Der Leitende und der „Uffz. als Geschützführer" wählen ihren Platz so, daß sie den Schießbetrieb übersehen und ihre vorgeschriebenen Aufgaben erfüllen können.

Aufsichtspersonal und Dienst an der Scheibe tragen stets Mütze.

2. **Das Einschießen nach D 140 Nr. 34** nimmt der Leitende oder ein von ihm zu bestimmender Soldat vor. Am Geschütz ist außer ihm nur noch der Ladeschütze. Beide dürfen während des Einschießens nicht auf den Holmen sitzen.

Zum Überreichen der einzelnen Patronen eilt der Patronenausgeber jedesmal zum Ladeschützen und begibt sich sofort nach Abgabe der Patrone auf seinen Platz zurück.

Nach Abgabe des Schusses bleibt der Verschluß geschlossen, die leere Hülse also im Lauf. Im Gegensatz zu dem Schießbetrieb bei Schulschießübungen begibt sich nur der Ladeschütze auf Befehl des Leitenden an die Scheibe zum Anzeigen des Schusses. Nach Vornahme etwa notwendiger Verbesserungen an der Einstellvorrichtung begibt sich der Ladeschütze zurück. Er entlädt darauf selbständig, der Verschluß bleibt geöffnet. Ist ein weiterer Schuß zum Einschießen notwendig, so befiehlt der Leitende die Ausgabe einer weiteren Patrone durch den Patronenausgeber und das Laden. Nach beendetem Einschießen bleibt der Verschluß geöffnet.

3. **Nach dem Schießen einer Übung** entlädt vor der Trefferaufnahme der Ladeschütze und meldet: „Entladen!" Der Verschluß bleibt geöffnet. Die Bedienung tritt auf Befehl des „Uffz. als Geschützführer" minde-

stens 2 Schritt hinter die Sporne zurück. Die Entfernung von 2 Schritt ist auf dem Boden zu kennzeichnen. Der „Uffz. als Geschützführer" überzeugt sich vom Zurücktreten der Bedienung, vom Öffnen des Verschlusses und meldet dem Leitenden: „Geschütz entladen, Bedienung zurückgetreten!" Erst dann gehen auf Befehl des Leitenden die zum Dienst an der Scheibe eingeteilten Soldaten sowie er selbst mit dem Richtschützen zur Trefferaufnahme pp. an die Scheibe (D 140 Nr. 50, Abs. 3). Der „Uffz. als Geschützführer" ist während der Trefferaufnahme für die Sicherheit am Geschütz verantwortlich. Er wählt seinen Platz so, daß er jederzeit sowohl das Geschütz als auch die zurückgetretenen Soldaten übersehen und ein frühzeitiges Herantreten an das Geschütz verhindern kann. Nur auf Befehl des Leitenden darf wieder an das Geschütz herangetreten, geladen und das Schießen fortgesetzt werden. Richtübungen auf dem Schießstandsgelände sind verboten.

Nr. 47 der D 140 verliert hiermit ihre Gültigkeit.

4. **Beim Schießen im Gelände** gelten am Geschütz die gleichen Sicherheitsbestimmungen wie unter C3). Wird mit mehreren Geschützen geschossen, so darf erst dann zur Trefferaufnahme vorgegangen werden, wenn bei allen Geschützen die Sicherheit gemeldet ist. Beim Schießen auf mehreren Schußbahnen pp., die eine gegenseitige Gefährdung ausschließen, genügt die Sicherheit innerhalb der einzelnen Schußbahn.

5. **Beim Schießen mit Zielmunition im Gelände** muß der Gefahrbereich gesichert und abgesperrt sein. Er ist in der Schußrichtung bis 1300 m, rechts und links der äußeren Schußlinie bis 150 m anzunehmen. Wenn die örtlichen Verhältnisse (Sandgrube, Steinbrüche, hohe Wälle) eine Einschränkung des abzusperrenden Gefahrbereichs zulassen, so kann dies der Komp.Chef auf seine Verantwortung anordnen. Bei Frost ist mit besonderer Vorsicht zu verfahren, um Unglücksfälle durch Abpraller auszuschließen.

6. **Beim Schießen im Gelände mit Schießgerät 35 und Pzgr.Patr. (Üb.)** gelten die Bestimmungen der D 140 Nr. 90 und folgende.

7. Die Komp.Chefs haben über diese Sicherheitsbestimmungen Unterricht abzuhalten und sie praktisch auf dem Schießstand vorführen zu lassen.

Anlage 5.

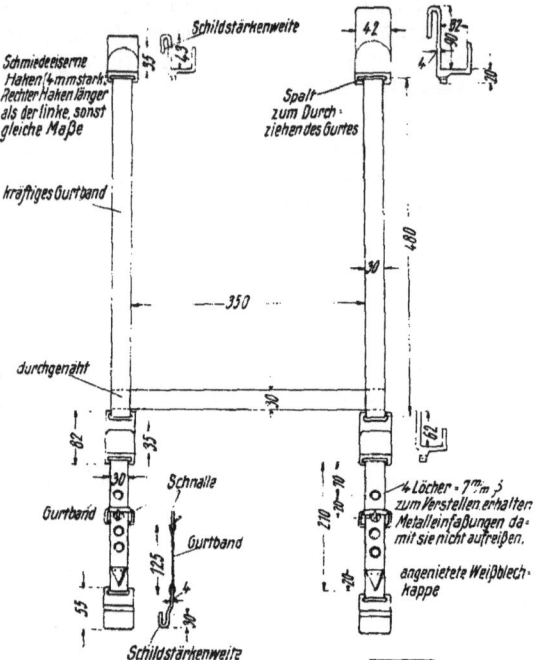

www.ingramcontent.com/pod-product-compliance
Lightning Source LLC
Chambersburg PA
CBHW022121040426
42450CB00006B/797